TERCE
EN TORRES I

Enid Blyton

TERCER AÑO EN TORRES DE MALORY

Traducción de C. Peraire del Molino

MOLINO

Título original: *Third year at Malory Towers.*

Publicado originalmente por Editorial Molino.

Pérez Gladós, 36. 08012 Barcelona.
www.rbalibros.com / rba-libros@rba.es
Realización editorial: Bonalletra, S. L.

Primera edición: Febrero 2007.

Ref: MOSL057
ISBN: 978-84-7871-840-5
Depósito legal: B-7010-2007
Impreso por Novagràfik (Barcelona)

ÍNDICE

PREFACIO

Éste es el tercer libro de la serie Torres de Malory. Los anteriores son:

Primer curso en Torres de Malory y *Segundo grado en Torres de Malory.*

Aunque todos estos libros constituyen una serie, cada uno es una obra completa y puede leerse por separado. En ellos aparecen los mismos personajes y, en cada volumen, se incorporan otros nuevos.

Enyd Blyton

CAPÍTULO I

UNA NUEVA ESTUDIANTE INGRESA EN TORRES DE MALORY

Darrell se dedicaba a ayudar a su madre en la preparación de su ropa para volver al internado. Su hermana pequeña, Felicity, la contemplaba deseando acompañarla.

—¡No te desanimes, Felicity! —le dijo Darrell—. Vendrás conmigo en septiembre. ¿No es verdad, mamá?

—En eso confío —respondió su madre—. La señorita Grayling dijo que esperaba tener una plaza disponible para ella. ¡Pero, Darrell, no es posible que pretendas llevarte todos estos libros! El baúl pesará demasiado.

—¡Sí, mamá! —exclamó Darrell—. Y tengo que llevarme también los patines. Ahora nos dejan patinar en el patio. Es muy divertido.

—De acuerdo —concedió la señora Rivers—, pero tendremos que volver a sacarlo todo del baúl, porque debemos ponerlos en el fondo. ¡Oh, Dios mío!, ¿hemos marcado tus nuevas zapatillas deportivas?

—¡No! —gimió Darrell—. Felicity, sé buena, ¿quieres ayudarme? La inspectora se pone furiosa si encuentra una prenda que no está marcada.

Felicity corrió a buscar una pluma. Tenía once años y

Darrell, catorce. ¡Cómo deseaba estudiar también en Torres de Malory! ¡Según Darrell, era el mejor colegio del país!

—¡Ojalá no tuviésemos que recoger a esa niña nueva! —comentó Darrell inclinada sobre el baúl—. ¿Cómo se llama, mamá? Siempre se me olvida.

—¡Zerelda! —le recordó su madre—. Zerelda Brass.

—¡Cielos! —exclamó Darrell—. ¡Zerelda! ¿Cómo será?

—Normal, supongo —prosiguió la señora Rivers—. Ya te dije que era norteamericana, pero su abuela, que es inglesa, la ha invitado a pasar un año en nuestro país y quiso que estudiara en Torres de Malory. Me maravilla que haya podido matricularse en tan poco tiempo.

—¿Cómo es? —quiso saber Darrell—. ¿La has visto?

—No. Sólo en fotografía —contestó la señora Rivers—. Aparentaba tener unos veinte años, pero no creo que tenga más de quince.

—¡Quince! Entonces no irá a mi clase —dijo Darrell—. La pondrán en un curso superior. Mamá, ¿no es una pena que Sally tenga que guardar cuarentena por las paperas? Todavía tardará mucho en volver al colegio.

Sally Hope era la mejor amiga de Darrell en el colegio. Por lo general, siempre llegaban juntas a Torres de Malory, porque la costumbre era que el padre de Darrell o el de Sally las llevaran en coche. Pero esta vez Sally empezaría más tarde a causa de la cuarentena que debía guardar por haber tenido paperas.

—Tendrás que escribirle contándoselo todo —le recomendó la señora Rivers—. Gracias, Felicity, has marcado muy bien las zapatillas. ¿Has puesto tu bata, Darrell? Oh, sí, aquí está. Bueno, ahora sí que hemos adelantado. ¿Dónde está la lista? La repasaré para ver si nos hemos olvidado de algo.

—Si Sally no tuviera que guardar cuarentena, no hubiéramos ido a buscar a Zerelda —dijo Darrell—, ya que no cabría en el coche. Mamá, tengo el presentimiento de que será un viaje horrible. ¿De qué hablaremos durante el camino hasta Cornualles?

—¡Dios mío!, ¿es que no puedes hablar con ella de Torres de Malory? —le replicó su madre—. En casa te pasas horas y horas hablando del colegio.

Por fin terminaron de preparar el equipaje. Entonces comenzó la acostumbrada búsqueda de la llave del baúl, que desaparecía siempre durante las vacaciones.

—¿Has firmado mi certificado médico, mamá? —preguntó Darrell—. ¿Dónde está? ¿En mi bolsa de viaje? Bien. Me pregunto si esta vez Irene sabrá dónde ha metido el suyo.

Felicity rió. Le gustaba oír hablar de la despistada Irene, que siempre salía de su casa con su certificado médico y jamás lograba encontrarlo cuando llegaba.

Al día siguiente, el padre de Darrell, junto con su esposa, llevaría a la niña a Torres de Malory. Tenían que salir muy temprano, por lo que preparaban el equipaje el día anterior. Así que Darrell sólo tuvo que darse una vuelta por el jardín con Felicity a su lado para despedirse de todo, incluso de las gallinas.

—En septiembre no tendremos que despedirnos, Felicity —dijo Darrell—. Bueno, adiós ahora, y procura superarte en los deportes este trimestre para que pueda estar orgullosa de ti cuando vayas a Torres de Malory.

Partieron al fin por la carretera de West Country. Era un hermoso día de enero, frío y soleado. Darrell se tapó bien con la manta. Iba sola en la parte posterior del automóvil, pues su madre se acomodó en el asiento delantero. Pronto llegarían a casa de Zerelda y entonces se sentaría a su lado.

Zerelda vivía en una gran mansión, a unos sesenta kilómetros de distancia. Su abuela había sido gran amiga de la madre de la señora Rivers y, en realidad, era la abuelita de Darrell la que había pedido a su hija que recogieran a Zerelda para llevarla con ellos.

—Creo que sería conveniente que ella y Darrell charlaran largo y tendido del colegio durante el viaje —dijo la abuelita de Darrell—. Seguro que Zerelda se sentirá un poco intimidada al principio, al tener que ir a un colegio nuevo en un país distinto.

Pero a Darrell no le complació mucho. Estaba desilusionada por no poder ir a recoger a Sally, su amiga y, sin saber por qué, no le caía bien Zerelda. ¿Sería por aquel nombre tan poco corriente? ¿O tal vez porque comprendía que a su madre tampoco le gustaba? ¡De todas formas, pronto saldría de dudas!

—Ya estamos en Hotting —dijo el señor Rivers al ver el nombre en un indicador—. Aquí es donde debemos recoger a la niña norteamericana, ¿verdad?

—Sí —respondió la señora Rivers consultando una tarjeta que tenía en la mano—. Gira a la derecha cuando hayas pasado la iglesia. Sube la colina. Dobla de nuevo a la derecha cuando llegues arriba y verás una casa blanca, muy grande. Allí es donde vive Zerelda.

Pronto llegaron junto al edificio, casi una mansión.

Un mayordomo les abrió la puerta y luego una anciana elegante, la amiga de la abuelita de Darrell, salió apresuradamente.

—¡Qué amables son ustedes! —les dijo—. ¡Zerelda! ¿Estás lista? Ya están aquí.

Pero Zerelda no apareció. El señor Rivers declinó el ofrecimiento que la dama le hizo de que entrasen a tomar café, alegando que quería llegar al colegio antes del anochecer.

—Si Zerelda está lista, nos iremos inmediatamente —afirmó el señor Rivers un poco contrariado. ¿Dónde estaba la dichosa Zerelda? ¡Debería haber estado preparada y esperándoles! Fue a la parte posterior del automóvil para preparar las gomas para sujetar el equipaje.

—¡Zerelda! ¡Baja enseguida! —le gritó su abuela y luego se volvió hacia el mayordomo—. ¿Sabe usted dónde está Zerelda? ¡Oh, Dios mío! ¿dónde se habrá metido?

Pasaron unos minutos antes de que la muchacha apareciera y, cuando Darrell la vio, no pudo creer que se tratase de Zerelda. Era una joven alta y mayor que ella, con el cabello resplandeciente de color cobre, en parte recogido en un moño encima de su cabeza y el resto suelto, como una cascada de bucles sobre sus hombros.

Darrell se quedó de una pieza. ¿Qué era aquello? Parecía una artista de cine. ¡Cielo santo, si llevaba los labios pintados!

No podía ser Zerelda. Aquella muchacha aparentaba tener por lo menos veinte años. Se les acercó con una sonrisa lánguida.

—¡Oh, Zerelda! ¿Dónde estabas? —le preguntó su abuela—. Te estábamos esperando.

—Lo siento —se disculpó Zerelda.

Su abuela la presentó a los recién llegados. El señor Rivers parecía impaciente. Le molestaba tener que esperar. Tampoco le gustó mucho el deslumbrante aspecto de Zerelda.

Ni a Darrell. En realidad, estaba alarmada. Zerelda debía de tener diecisiete o dieciocho años, por lo menos. ¿De qué iban a hablar en el coche?

—Será mejor que te pongas el sombrero de uniforme —le dijo su abuela entregándoselo.

—¿Qué? ¿Ponerme yo eso tan horrible? —exclamó Zerelda—. ¡Bah, abuela, jamás me lo pondré!

Darrell no se atrevió a decirle que, obligatoriamente, tendría que ponérselo, porque se había quedado sin habla. Realmente, Zerelda le parecía muy mayor. No sólo por su aspecto y forma de peinarse, sino por su seguridad y su forma de hablar.

Ocupó con gracia el asiento junto a Dandi.

—Ahora, Zerelda, recuerda que vas a un colegio inglés para aprender las costumbres inglesas —le sermoneó su abuela mientras se asomaba a la ventanilla del automóvil—. Y haz el favor de quitarte esa pintura de la boca. No dejo de repetirte una y otra vez que aquí eso no se lleva. Parece como si tuvieras dieciocho años, pero sólo eres una colegiala.

El señor Rivers, al ver que la charla entre Zerelda y su abuela iba a prolongarse durante un tiempo, puso el motor en marcha.

—¡Adiós! —dijo la señora Rivers, consciente de que, si no se decidían, iban a quedarse allí para siempre.

El coche arrancó. La abuela de Zerelda se quedó en la

avenida hablando a toda prisa. El señor Rivers suspiró aliviado y miró a su esposa por el rabillo del ojo. Ella correspondió a su mirada.

Darrell, al verlos, se sintió un tanto confortada. Sus padres pensaban de Zerelda lo mismo que ella.

—¿Te cubre bien la manta? —le preguntó Darrell cortés.

—Sí, gracias —respondió Zerelda.

Hubo un largo silencio. Darrell se estrujó el cerebro buscando algo que decir.

—¿Quieres que te cuente algo acerca de Torres de Malory? —preguntó por fin a su compañera.

—Adelante, encanto —respondió Zerelda con aire somnoliento—. Suelta lo que quieras. ¿Qué tal es la profesora de nuestra clase?

—Bueno, tú no irás conmigo, porque tienes quince años, ¿verdad? —le dijo Darrell.

—Casi dieciséis —replicó Zerelda arréglandose el moño de su cabeza—. No, me imagino que no me pondrán en tu clase. No eres muy alta, ¿verdad?

—Soy tan alta como cualquiera de las de mi curso —fue la respuesta de Darrell, pensando para sus adentros que, si fuese peinada de un modo tan ridículo como Zerelda, también parecería más alta.

Comenzó a hablar de Torres de Malory. Era su tema favorito, de manera que su voz sonó sin descanso para describir el gran colegio, sus cuatro grandes torreones, uno en cada extremo; el patio situado en el centro; la enorme piscina en las rocas, que se llenaba con cada marea y donde las niñas se bañaban durante el verano.

—Y en cada torre están los dormitorios y nuestras salas de descanso, que son las salas donde jugamos cuando no tenemos clase —aclaró Darrell—. Nuestra profesora es la señorita Potts. A propósito, ¿en qué torre estás tú?

No hubo respuesta. Darrell miró indignada a Zerelda. ¡Estaba dormida! No había oído ni una palabra de lo que ella le había dicho! ¡Vaya fresca!

CAPÍTULO II

OTRA VEZ DE VUELTA AL COLEGIO

Darrell estaba tan enfadada con Zerelda por haberse dormido mientras ella le hablaba de su querido Torres de Malory, que tomó la decisión de no dirigirle la palabra cuando se dignase a despertarse.

La estuvo observando. Desde luego, era muy atractiva, aunque el tono dorado de su pelo no fuese bonito. Darrell pensó que Brass[1] era justamente el apelativo adecuado para Zerelda. Sus cabellos eran cobrizos. Darrell se preguntó si los llevaría teñidos, pero seguro que nadie se dejaría hacer algo así. Aunque, tal vez en los Estados Unidos crecieran más deprisa.

«Es una lástima que venga a Torres de Malory —pensó Darrell, mirando de cerca la hermosa cara empolvada de Zerelda con sus mejillas sonrosadas y sus rizadas pestañas—. No encajará. Aunque Gwendoline la adorará, supongo. ¡Porque Gwendoline siempre pierde su tonto corazón por las personas como Zerelda!»

El señor Rivers se volvió para mirar a la dormida Ze-

1. En inglés, cobre.

relda y dirigió a Darrell una sonrisa cómplice. Ella le correspondió con otra. Se preguntó luego cómo serían los padres de Zerelda. Debía de resultar bastante raro tener una hija como ella.

«En realidad —pensó—, puede que sean muy agradables. Tal vez sea así porque viene de un país donde las niñas crecen más deprisa que nosotras.»

Darrell era una niña justa y se propuso dar una oportunidad a Zerelda.

«Menos mal que estará en un curso superior, ya que casi tiene dieciséis años —se dijo Darrell— y no la veré mucho. Espero que no la instalen en la Torre Norte. ¡Oh, cielos! ¿Qué opinará de ella la señorita Potts cuando la vea?»

Se acordó de la exigente señorita Potts y de la obesa y sensata ama, quienes no toleraban la menor impertinencia de nadie. También se acordó de la profesora encargada del tercer curso, con la que Darrell ya había pasado un trimestre.

«¡La señorita Peters! ¡Cielos! ¡Le dará un ataque si Zerelda está en su clase! —pensó Darrell al imaginar a la varonil señorita Peters, con su enérgica voz—. Casi es una lástima que no esté en mi clase. ¡Me encantaría ver cómo la señorita Peters maneja a Zerelda!»

Cuando al fín llegaron a Torres de Malory, Darrell estaba cansada. Se habían detenido un par de veces para comer, y Zerelda se despertó y empezó a charlar animadamente con el señor y la señora Rivers. Al parecer, consideraba que Inglaterra era «marravillosa» y también que ella, Zerelda, podía enseñarles unas cuantas cosas.

La señora Rivers se mostró amable y simpática como

todo el mundo. El señor Rivers, que no tenía paciencia con las personas engreídas, estuvo hablando con Darrell, ignorando a la niña norteamericana.

—¡Oye, tienes un padre «marravilloso»! —dijo Zerelda a Darrell cuando reemprendieron el viaje—. Con esos ojos tan grandes, esas cejas tan negras y pobladas, ¡«Marravilloso»!

Darrell casi se echó a reír y deseó decirle a su padre lo de sus «negras y pobladas cejas», pero no encontró la ocasión.

—Háblame de tu colegio —le rogó Zerelda con voz dulce, pensando que Darrell estaba demasiado callada.

—Ya te lo he contado todo —replicó Darrell con bastante frialdad—, pero debí de aburrirte, porque te quedaste completamente dormida. De todas formas, no hay tiempo para contarte nada —prosiguió Darrell— porque ya hemos llegado. —Sus ojos brillaron, como le ocurría siempre que veía de nuevo Torres de Malory.

El coche se detuvo ante la puerta principal, que a Darrell siempre le parecía la entrada de un castillo. La gran avenida estaba ahora llena de coches y niñas de todas las edades que iban de un lado a otro con su bolsa de viaje y palos de *lacrosse*.[2]

—Vamos —invitó Darrell a Zerelda—. Bajemos. ¡Caramba, es estupendo estar de vuelta! Hola, Belinda. Hola, Irene, ¿has traído tu certificado médico? Hola, Jean, ¿sabes algo de Sally? Está en cuarentena. ¡Qué pena! ¿verdad?

2. Juego parecido al hockey, pero con la pelota impulsada mediante una especie de raqueta con una bolsa de malla.

Jean vio cómo Zerelda descendía del coche y se quedó embobada, como si no pudiera creer lo que estaba viendo. Zerelda seguía sin sombrero y su cabello le caía en cascada sobre el hombro, el moño en lo alto de su cabeza resplandeció iluminado por un rayo del sol poniente.

—¡Caramba! ¿Qué es eso? ¿Pariente tuya? —preguntó Jean.

Darrell rió.

—No, gracias a Dios. ¡Es una nueva!

—¡No! ¡Vaya! ¿Y a qué cree que ha venido a Torres de Malory? ¿A actuar en una película?

Darrell iba de aquí para allá, feliz y excitada, saludando a sus amigas. Su padre descargó los baúles y el portero del colegio fue a recogerlos. Darrell pudo leer la etiqueta pegada en el de Zerelda: Torre Norte.

«¡Maldición! Está en nuestra torre», pensó.

—¡Hola, Alicia! ¿Todo bien en las vacaciones?

Alicia se acercó con los ojos brillantes.

—¡Fantástico! —exclamó—. ¡Caracoles! ¿Qué nos has traído?

—Una nueva —contestó Darrell—. Sé lo que piensas. Yo tampoco he podido apartar los ojos de ella cuando hoy la he visto por primera vez. Es increíble, ¿verdad?

—Mira, ahí está nuestra querida Gwendoline Mary llorando, apoyada en el hombro de su madre, como de costumbre —dijo Alicia, atraída su atención por la visión de la madre de Gwendoline, que también lloraba mientras se despedía de su hija.

—También está la señorita Winter, la institutriz de Gwendoline —contestó Darrell—. No es extraño que la pobre Gwen no logre mejorar, continúa siendo la niña mimada de mamá. Durante el trimestre, le transmitimos un poco de sensatez, pero no hay nada que hacer, vuelve a perderla durante las vacaciones.

Gwendoline vio a Zerelda y se quedó sorprendida mientras una mirada de admiración iluminaba su rostro. Alicia le dio un codazo a Dandi.

—Gwendoline idolatrará a Zerelda. ¡Mírala! ¿No ves esa expresión en su rostro? ¡Zerelda va a tener una esclava sumisa!

Gwendoline le dijo algo a su madre y a su institutriz, ambas miraron a Zerelda. Pero era evidente que a ninguna de las dos les gustó tanto como a Gwendoline.

—Adiós, querida —dijo la madre de Gwendoline secándose los ojos—. Escríbeme montones de veces.

Pero Gwendoline Mary no le prestaba mucha atención. Se preguntaba si habría alguien que cuidase de Zerelda. ¿Y si ella se ofreciera para acompañarla? Fue entonces cuando vio que Darrell estaba con la nueva alumna y pensó que la rechazaría en cuanto se acercara.

Zerelda contemplaba todo aquel alboroto y excitación. Vestía y calzaba el mismo uniforme que las otras y, sin embargo, su aspecto era completamente distinto. No parecía notar las miradas curiosas que le dirigían. Darrell, al ver que sus padres iban a marcharse, corrió a despedirlos.

—¡Resulta tan agradable verte tan feliz desde que has llegado! —comentó su madre satisfecha de ver cómo todo el mundo saludaba a Darrell—. Ya no eres de las pequeñas, Darrell, ahora pareces muy mayor, comparada con las de primero y segundo.

—¡Ya lo creo! ¡Son bebés! —exclamó Darrell riendo—. Adiós, las escribiré el domingo, como de costumbre. Dénle recuerdos a Felicity y díganle que Torres de Malory está tan bonito como siempre.

El automóvil se alejó por la avenida. Darrell saludó hasta que se perdió de vista; entonces sintió una palmada en la espalda y, al volverse, vio a Irene.

—¡Darrell! Ven conmigo a ver al ama, por favor. No encuentro mi certificado médico.

—¡Irene! No te creo —respondió Darrell—. De acuerdo, iré contigo. ¿Dónde está mi bolsa de viaje? ¡Eh, Gwendoline! Ten cuidado con ese palo de *lacrosse*. Es la segunda vez que me das un golpe.

De repente Darrell se acordó de Zerelda.

—¡Oh, cielos! Me he olvidado de Zerelda. Ella también estará en la Torre Norte. Será mejor que vaya a buscarla o se verá completamente perdida. Sé cómo me sentía la primera vez que llegué aquí, cuando todas reían y charlaban y yo no conocía a nadie.

Fue en busca de Zerelda, que no parecía ni perdida ni despistada, sino completamente como en su casa. En sus labios había una ligera sonrisa, como si le divirtiera mucho lo que ocurría a su alrededor. Antes de que Darrell pudiera alcanzarla, alguien se le adelantó y le preguntó:

—¿Eres nueva? Creo que estás en la Torre Norte. Si quieres venir conmigo, te lo enseñaré todo de arriba abajo.

—Bien, eres muy amable —respondió Zerelda con su acento americano.

—¡Mira! —exclamó Darrell con disgusto—. ¡Ahí está Gwendoline Mary procurando acapararla! Créeme, sólo adora a las que son como Zerelda. ¡Zerelda, ven con nosotras! Te acompañaremos a ver al ama.

—Yo cuidaré de ella, Dandi. Ve en busca de Sally.

—Sally no va a venir ahora —replicó Darrell—, tiene que guardar cuarentena. Yo me ocuparé de Zerelda. Vendrá con nosotras.

—Pueden acompañarme las dos —dijo Zerelda en tono encantador mientras dirigía una sonrisa a Gwendoline, que la tomó del brazo y comenzó a subir con ella los suntuosos escalones del vestíbulo.

Alicia sonrió.

—Esperemos que la querida Gwendoline nos la haya quitado de encima para siempre —comentó—. Aunque me imagino que estará en un curso superior. ¡Parece que tenga dieciocho años!

Los gemidos de Irene llamaron su atención.

—¡Oh, Irene! No me cabe en la cabeza que hayas vuelto a perder tu certificado médico —dijo Darrell—. ¡No es posible que te ocurra lo mismo año tras año!

—Bueno, pues lo he perdido —respondió Irene—. Ahora vengan a ver a la inspectora conmigo y ayúdenme.

Las tres chicas fueron en busca de la inspectora. Darrell y Alicia entregaron sus certificados. La inspectora miró a Irene.

—Lo he perdido, señorita inspectora —dijo Irene— . ¡Lo peor de todo es que ni siquiera recuerdo haberlo visto hoy! Quiero decir que, por lo general, recuerdo por lo menos que mamá me lo ha dado, pero esta vez ni siquiera me acuerdo eso. Mi memoria está cada día peor.

—Tu madre ha venido a verme hace diez minutos —replicó la inspectora—. Y ella misma me ha dado tu certificado. Vete, Irene, o harás que yo también pierda la cabeza.

Gwendoline acompañó a Zerelda a ver a la inspectora, que la miró como si no pudiera dar crédito a sus ojos.

—¿Quién es ésta? ¡Ah! Zerelda Brass. Sí, estás en la Torre Norte. ¿Es tu certificado médico? Gwendoline, está en tu dormitorio, acompáñala allí y... esto... prepárala para bajar a cenar.

Darrell sonrió a Alicia y ésta le guiñó un ojo. Mañana la inspectora no sería tan amable con Zerelda.

—Vamos —dijo Alicia—. Tenemos que abrir nuestras maletas. ¡Tengo montones de cosas que contarte, Darrell!

CAPÍTULO III

LA PRIMERA NOCHE

—¿Sabes si viene alguna otra nueva? —preguntó Darrell a Alicia.

—Sí, una. Creo que se llama Wilhelmina —respondió Alicia—. Llegará mañana. Mi hermano mayor es amigo de uno de sus hermanos. Cuando supo que iba a venir aquí, lanzó un silbido y me dijo: «¡Bill ya las espabilará!».

—¿Quién es Bill? —preguntó Darrell.

—Pues Wilhelmina, al parecer —contestó Alicia mientras procedía a sacar las cosas de su bolsa de viaje—. ¡Tiene siete hermanos! ¡Imagínate! ¡Siete! Y ella es la única chica.

—¡Cielos! —exclamó Darrell, tratando de imaginarse lo que sería tener siete hermanos. Ella no tenía ninguno. Alicia, tres. ¡Pero siete!

—Entonces debe de ser medio chico —opinó Darrell.

—¡Probablemente! —fue la respuesta de Alicia—. Caramba, ¿dónde está mi cepillo de dientes? Sé que lo traje.

—¡Mira, ahí está Mavis! —exclamó Darrell, y Alicia levantó la cabeza.

Mavis había entrado en el colegio el trimestre anterior. No tuvo gran éxito porque era perezosa y egoísta. Tenía una voz hermosa, pura y dulce, pero extrañamente profunda, una voz casi fuera de serie, que estaba siendo educada. Mavis estaba orgullosa de su estupenda voz y de la gran carrera artística que iba a tener.

—Cuando sea cantante de ópera —decía a la menor oportunidad—, cantaré en Milán y en Nueva York. Cuando sea cantante de ópera, yo...

Las otras se cansaban de oír hablar de la futura carrera de Mavis, pero estaban impresionadas por su voz potente y profunda que llenaba con facilidad el gran vestíbulo del colegio. Era tan rica y aterciopelada, que incluso las más pequeñas la escuchaban boquiabiertas.

—Lo peor de Mavis es que se cree perfecta porque tiene una voz muy bonita —se había lamentado Jean cientos de veces durante el trimestre anterior. Jean era la delegada de clase del tercer curso, muy consciente y responsable—. No se da cuenta de que sólo es una colegiala con deberes por hacer, lecciones que estudiar y juegos a los que jugar. Siempre está pensando en su voz, que es maravillosa, como todas reconocemos. ¡Qué lástima que una persona tan mediocre tenga una voz tan bonita!

A Darrell nunca le había gustado Mavis y ahora la observó, viendo un rostro pequeño y engreído, con unos ojos oscuros muy menudos y una boca grande. Llevaba el pelo peinado en dos gruesas trenzas.

—Mavis es toda voz y vanidad, pero nada más —afirmó Darrell—. Sé que digo algo horrible, pero es cierto.

—Sí —respondió Alicia, que se detuvo para mirar a Mavis—. Sin embargo, Darrell, hará una carrera maravillosa con esa voz. Es única y, más adelante, tendrá el mundo entero a sus pies. Lo malo es que ahora ya lo sabe.

—Me pregunto si Gwendoline continuará tras ella como un perrito faldero, ahora que ha encontrado a Zerelda —dijo Darrell.

Gwendoline, siempre dispuesta a revolotear alrededor de cualquiera que fuese rico, hermoso o superdotado, estuvo persiguiendo a Mavis de un modo ridículo el trimestre anterior. Pero entonces Gwendoline era incapaz de saber que uno puede escoger a sus amigos por cosas muy distintas. No comprendía por qué a Darrell le gustaba Sally, ni por qué a Daphne le agradaba Mary-Lou, ni por qué todas simpatizaban con la sincera y eficiente Jean.

—¿Dónde está Betty? —preguntó Darrell—. Todavía no la he visto.

Betty era la mejor amiga de Alicia, tan inteligente y divertida como ella, y casi tan mordaz. No estaba en la Torre Norte, lo que disgustó a Alicia. La señorita Grayling, la directora del colegio, no tenía intención de poner a las dos niñas en la misma torre. Lamentaba que fuesen amigas, porque eran demasiado iguales y, continuamente, se veían en apuros por causa de sus modales despreocupados y tranquilos.

—Betty no vendrá hasta mitad de trimestre —dijo Alicia con pesar—. Tiene la tosferina. Imagínate, debe pasar seis semanas de cuarentena. Acaba de enfermar ahora. Lo supe ayer.

—La echarás de menos, ¿verdad? —preguntó Darrell—. Yo también añoraré a Sally.

—Bueno, tendremos que consolarnos mutuamente hasta que vuelvan Betty y Sally —propuso Alicia.

Darrell asintió. Alicia la divertía. Siempre disfrutaba a su lado y, aunque su lengua era afilada, tenía chispa. Además, la suerte nunca la abandonaba. Era muy inteligente y podía hacer el tonto cuando quisiera, sin que repartiese en sus calificaciones.

«Si yo hiciera eso, pasaría a ser la última de la clase en el acto —pensó Darrell—. Tengo un buen cerebro, pero tengo que ejercitarlo continuamente. En cambio, el de Alicia trabaja igual tanto si lo ejercita como si no.»

Mary-Lou se acercó a las muchachas. Había crecido un poco, pero seguía siendo una niña de aspecto asustado.

—¡Hola! —saludó—. ¿De dónde sacaste a Zerelda, Darrell? He sabido que vino contigo. ¿Cuántos años tiene? ¿Dieciocho?

—No. Casi dieciséis —aclaró Darrell—. Supongo que Gwendoline ya se habrá pegado a ella. ¿No es el colmo? ¿Qué crees tú que dirá la señorita Potts cuando vea a Zerelda?

La señorita Potts era la encargada de la Torre Norte y, al igual que la inspectora, no soportaba tonterías de ningún tipo. La mayoría de las niñas habían estado en su clase porque enseñaba a las pequeñas. Todas la querían y respetaban. Unas pocas, como Gwendoline y Mavis, la temían porque solía ser muy sarcástica cuando trataba con niñas presuntuosas.

Darrell se sentía bastante sola sin tener a Sally para reír y hacer comentarios. Se alegró de poder contar con Alicia. Belinda se unió a ellas.

—Darrell, ¿dónde está Sally? Durante las vacaciones hice algunos dibujos estupendos. Fui al circo y llené todo un libro con motivos circenses. ¡Tendrías que ver cómo me quedaron los payasos!

—Enséñanoslos esta tarde —le pidió Darrell con ansiedad.

A todas les encantaban los dibujos de Belinda. Tenía un don para el dibujo, pero, al contrario de Mavis, no se le ocurría nunca hablar de ello, ni de su futura carrera. Era ante todo una buena colegiala y una consumada artista.

—¿Has visto a Irene? —preguntó Alicia. Belinda asintió. Irene era su amiga y las dos se llevaban muy bien. Irene era un talento para la música y las matemáticas, pero una despistada para todo lo demás. Belinda servía para el dibujo y era bastante eficiente en otras asignaturas, aparte de ser casi tan despistada como Irene. La clase se divertía mucho con ellas.

—¿Has visto a Zerelda? —preguntó Darrell, sonriendo. Era la pregunta que todo el mundo hacía aquella noche. Nadie había visto una niña así hasta entonces.

Aquella noche, durante la cena, hubo gran alboroto. Todas estaban excitadas. Mademoiselle Dupont sonrió en la cabecera de la mesa de las de tercero de la Torre Norte.

—¿Qué tal las vacaciones? —preguntó—. ¿Han ido al teatro y al circo? Supongo que ahora estarán dispuestas a trabajar y a hacerme buenas traducciones. *N'est-ce pas*?

Se oyó un gemido general.

—¡No, Mademoiselle! No nos haga traducir este año. ¡Hemos olvidado todo nuestro francés!

Mademoiselle recorrió con la mirada toda la mesa,

en busca de caras nuevas. Siempre le gustaba mostrarse particularmente amable con las nuevas alumnas. De pronto vio a Zerelda y la contempló con asombro. Zerelda había vuelto a peinarse con un moño encima de la cabeza. Sus labios tenían un color rojo muy sospechoso y sus mejillas estaban demasiado sonrosadas.

«Esta niña parece una artista de cine —se dijo—. *Oh, la, la!* ¿Por qué habrá venido aquí? No es una jovencita. Parece mayor, por lo menos debe de tener veinte años. ¿Por qué la señorita Grayling la ha admitido? No parece adecuada para Torres de Malory.»

Zerelda daba la sensación de sentirse en su casa y cenó con toda compostura. Estaba sentada junto a Gwendoline, que trataba de hacerla hablar. Pero Zerelda no era como Mavis, que siempre deseaba hablar de sí misma, aunque respondió a la niña con bastante cortesía.

—¿Has vivido siempre en los Estados Unidos? ¿Crees que te gustará Inglaterra? —insistió Gwendoline.

—Creo que Inglaterra es sencillamente «marravillosa» —respondió Zerelda, por sexta vez—. Creo que esos pequeños campos son «marravillosos», lo mismo que vuestras casitas. También la gente me parece «marravillosa».

—«Marravillosa», ¿verdad? —dijo Alicia por lo bajo a Darrell—. Una «marravilla».

Todo el mundo solía acostarse temprano la primera noche, porque la mayoría había tenido que realizar largos viajes para trasladarse a Cornualles. En realidad, antes de que terminara la cena, pudieron oírse varios bostezos ruidosos.

Zerelda se quedó muy sorprendida cuando Gwendoline le informó de que aquella noche tenían que acostarse a las ocho.

—Aunque sólo es esta noche —aclaró Gwendoline—. Mañana las de tercero nos acostaremos a las nueve.

—A las nueve —repitió Zerelda, asombrada—. Pero en mi país nos acostamos cuando queremos. Yo jamás me acuesto tan temprano.

—Pues bien que dormiste en el coche —intervino Darrell sin poder contenerse—. Seguro que estás cansada.

Después de cenar, todas fueron a la sala común, escogieron sus armarios, discutieron, pusieron la radio, volvieron a apagarla, bostezaron, atizaron el fuego, se burlaron de Mary-Lou porque se asustó al ver saltar una chispa, y luego cantaron algunas canciones.

La voz de Mavis dominaba sobre todas las demás. Realmente era una voz notable, grave y potente. Parecía imposible que surgiera de Mavis, que no estaba muy desarrollada para su edad. Una a una, todas las niñas callaron para escuchar. Mavis siguió cantando. Le encantaba el sonido de su propia voz.

—«Marravillosa» —exclamó Zerelda, que aplaudió con fuerza cuando acabó la canción—. ¡Sobresaliente!

Mavis pareció complacida.

—Cuando sea cantante de ópera... —comenzó a decir.

Zerelda la interrumpió.

—Oh, eso es lo que vas a ser, ¿eh? Vaya, es magnífico. ¡Yo seré estrella de cine!

—¿De cine? ¿Qué quieres decir? ¿Artista de cine? —exclamó Gwendoline Mary con los ojos muy abiertos.

—Sí. En realidad ya actúo y lo hago bastante bien —dijo Zerelda sin modestia—. En casa siempre estoy ensayando. Claro que pertenezco a la Sociedad Dramática y el año pasado en el colegio representé a lady Macbeth en la obra de Shakespeare. Fue...

—«¡Marravilloso!» —exclamaron Alicia, Irene y Belinda a coro.

Zerelda rió.

—Me figuro que no pronuncio las palabras como vosotras —dijo sonriendo alegremente.

—Este trimestre tendrás la oportunidad de demostrar lo bien que sabes representar —le dijo Gwendoline, recordando algo—. Nuestra clase tiene que representar una obra, *Romeo y Julieta*. Tú podrás hacer de Julieta.

—Eso depende de la señorita Hibbert —intervino Daphne al instante. Daphne ya se había imaginado representando el papel de Julieta—. La señorita Hibbert es nuestra profesora de inglés, Zerelda, y...

—A la cama, niñas —dijo la señorita Potts, desde la puerta—. ¡Son las ocho! Vamos, todo el mundo a la cama o mañana no habrá quien se levante.

CAPÍTULO IV

ZERELDA ENTRA EN CUARTO CURSO

El día siguiente fue muy divertido. Las niñas corrieron al salón de estudio de tercer curso que daba al patio y desde el cual se veía el mar a lo lejos.

—Zerelda tiene que ir al salón de estudio de cuarto curso —dijo Jean buscando a la niña norteamericana—. No estará con nosotras.

—Me lo suponía —replicó Zerelda—. Soy mayor que ustedes.

Jean la miró y le dijo en tono maternal:

—Zerelda, será mejor que te dé un consejo. A la señorita Williams, que es la profesora de cuarto, no va a gustarle tu peinado, ni tus labios pintados. Será mejor que te cambies el tocado y te quites la pintura antes de entrar en clase. De lo contrario, te obligará a la fuerza.

—¿Por qué tendría que hacer caso a lo que tú me digas? —exclamó Zerelda, herida en su dignidad. Tenía un gran concepto de su apariencia y no podía soportar ser criticada por una de aquellas niñas inglesas.

—Verás, yo soy la delegada de este curso —respondió Jean—. Por eso me molesto en decírtelo, para evitarte un disgusto.

—Pero si el peinado de Zerelda es precioso —dijo Gwendoline, que siempre lamentaba tener que llevar el cabello cuidadosamente recogido en vez de suelto como una cascada dorada sobre sus hombros.

Nadie hizo el menor caso al comentario de Gwendoline.

—Bueno, gracias de todas formas, Jean, pero no pienso convertirme en una colegiala inglesa con trenzas —exclamó Zerelda con su deje lento e insolente—. Me imagino que, de todas maneras, no me parecería a ustedes. ¡Mírense, todas iguales! Deberían permitirme que les enseñe a maquillarse. ¡Pronto tendrían otro aspecto!

Daphne, que se consideraba muy bonita, rió dolida, al tiempo que comentaba:

—¡Nadie quiere parecer un espantapájaros como tú! ¡Si te vieras!

—Me he visto —replicó Zerelda—. ¡Esta mañana me he mirado en el espejo!

—Donde fueres, haz lo que vieres —sentenció Jean en tono solemne—. Cuando estés en Roma, haz lo mismo que los romanos.

—Pero yo no estoy en Roma —replicó Zerelda.

—No. ¡Y es una lástima! —exclamó Alicia—. Desearás estar allí dentro de pocos minutos, en cuanto te eche la vista encima la señorita Williams. Ve a la clase de al lado, por amor de Dios. La señorita Williams llegará dentro de medio minuto, igual que nuestra profesora, la señorita Peters, y a ésta le va a dar un ataque si te ve así.

Zerelda sonrió complacida y fue hacia su aula. Al franquear la puerta, la señorita Williams llegaba apresuradamente para hacerse cargo de la clase de cuarto. Ambas se encontraron en el umbral.

La señorita Williams no tenía idea de que Zerelda fuese una de sus alumnas. ¡Parecía tan mayor! Perpleja, parpadeó un par de veces tratando de recordar quién sería Zerelda. ¿Acaso una de las nuevas profesoras auxiliares?

—Esto... déjeme que piense, usted es la señorita... señorita... esto... señorita... —comenzó la profesora Williams.

—Zerelda —respondió la niña, pensando que era un poco raro que las profesoras llamaran «señoritas» a las alumnas.

—Señorita Zerelda —prosiguió la señorita Williams, sin darse cuenta de nada—, ¿me buscaba usted?

Zerelda estaba un tanto asombrada.

—Bueno, exactamente no —le contestó—. Me dijeron que viniera a su clase. Yo soy de cuarto curso.

—¡Cielo santo! —exclamó la profesora con voz débil—. ¿No... no serás una de las alumnas?

—Sí, señorita Williams —respondió Zerelda, pensando que la profesora se comportaba de un modo muy extraño—, salvo que me haya confundido. ¿No es ésta la clase de cuarto?

—Sí —respondió la señorita Williams, recobrándose al momento—. Ésta es el aula de cuarto curso. Pero no entres así. ¿Qué es lo que llevas encima de la cabeza?

Zerelda se quedó todavía más asombrada. ¿Llevaría puesto algún sombrero por equivocación? Se palpó para comprobarlo. No, no llevaba sombrero.

—No llevo nada en la cabeza —contestó.

—Sí. ¿Qué es esto? —insistió la señorita Williams tocando el enorme moño que Zerelda había colocado a imitación de una estrella de cine famosa.

—¿Esto? Oh, es parte de mi pelo —replicó Zerelda, que se preguntó si la señorita Williams no estaría un poco loca—. Es mi cabello, señorita Williams. He enrollado la parte de delante y la he sujetado con horquillas.

La señorita Williams contempló en silencio el moño de cabellos cobrizos y la cascada de bucles que caía sobre el cuello de Zerelda. Examinó los rojos labios, e incluso las curvadas pestañas para asegurarse de que eran reales y no postizas.

—Bien, Zerelda, no puedo admitirte en mi clase tal como vas —dijo muy digna—. Quítate ese peinado y sujétate el pelo en la parte de atrás. Límpiate los labios y vuelve a bajar dentro de cinco minutos.

Dicho esto, desapareció dentro de la clase y cerró la puerta a sus espaldas. Zerelda se quedó pasmada y se tocó el moño. ¿Qué le ocurría? ¿Acaso no era exactamente igual que el de Lossie Laxton, la artista de cine que tanto admiraba?

Zerelda frunció el ceño.

«¡Vaya colegio! —se dijo para sus adentros—. Hay aquí un montón de niñas creciendo a toda prisa y ninguna de ellas sabe peinarse, ni ser elegante, y apuesto a que todas son estúpidas como lechuzas.»

Terminó su pensamiento en voz alta.

Decidió subir a cambiarse el peinado. Aquella exigente y estirada señorita Williams podría decírselo a la directora. A Zerelda le había impresionado mucho la personalidad de la señorita Grayling durante la breve charla que sostuvo con ella. ¿Qué le había dicho la directora? Que aprendiera a tener buen corazón; a ser amable y sensata, responsable, buena, una persona en la que el mundo pudiera confiar. También dijo que tal vez Zerelda, durante su estancia en Inglaterra, aprendiese algo que luego pudiera ayudarla y que ella, siendo sensata y comprensiva, también podría enseñar algo a las niñas inglesas.

«Bueno, no deseo conocer la parte mala de la señorita Grayling por ahora», pensó Zerelda mientras se dirigía a su dormitorio.

«¿Dónde está nuestro dormitorio? —se quejó mentalmente—. En este sitio nunca encuentro nada.»

Por fin encontró el dormitorio y se dedicó a peinarse. Se miró al espejo. Estaba muy triste por tener que quitarse aquel hermoso moño. Tardaba mucho tiempo en hacérselo cada mañana. Pero se quitó las horquillas y lo cepilló. Lo dividió en dos partes y sujetó la mata de pelo con una cinta para que no flotara libremente sobre sus hombros.

Al instante pareció más joven. Se quitó la pintura de los labios y volvió a mirarse.

«Ahora pareces vulgar e insignificante, Zerelda —se dijo—. ¿Qué diría papá? ¡No me conocería!»

Pero Zerelda no parecía vulgar ni insignificante, sino una jovencita con un rostro agradable y natural. Bajó lentamente a clase. No estaba segura de si debía o no llamar a la puerta. Todo parecía tan distinto en aquel colegio inglés, eran más corteses y educados que en el colegio americano. Decidió llamar.

—¡Adelante! —dijo la voz impaciente de la señorita Williams, que ya se había olvidado de Zerelda.

Zerelda entró. ¡Estaba tan distinta que la señorita Williams no la reconoció!

—¿Qué deseas? —le preguntó a Zerelda—. ¿Vienes a traerme algún recado?

—No —contestó la niña, extrañada—, yo soy de cuarto curso, ¿verdad?

—¿Cómo te llamas? —le preguntó la señorita Williams, buscando la lista de nombres.

Ahora Zerelda se había convencido plenamente de que la señorita Williams estaba loca de remate.

—Ya se lo dije antes —respondió—. Soy Zerelda.

—Oh, cielo santo, de manera que eres tú —dijo la señorita Williams, mirándola fijamente—. ¡Vaya, quién iba a pensar que aquel peinado te daba un aspecto tan distinto! Ven a sentarte. Ese sitio de ahí es el tuyo.

Las de cuarto curso estaban extrañadas y divertidas. Todas eran niñas de quince años trabajadoras y estudiosas, que en este curso tenían que conseguir el Diploma Escolar.

—Veamos, ¿cuántos años tienes, Zerelda? —le dijo la señorita Williams, mientras intentaba encontrar el nombre de Zerelda en la lista.

—Casi dieciséis —contestó Zerelda.

—Entonces es probable que encuentres fácil el trabajo de este curso —dijo la señorita Williams—, pero como es tu primer año en un colegio inglés, ya te las arreglarás. Habrá muchas cosas distintas que tendrás que aprender.

Zerelda echó un vistazo a sus compañeras de cuarto curso. Pensó que eran demasiado inteligentes para ser descritas con palabras. ¡Qué serias eran! Hubiera deseado encontrarse en tercer curso con Alicia, Darrell, Belinda y el resto. Todas le habían parecido alegres y despreocupadas.

Las de tercero estaban haciendo listas de sus tareas y copiando el horario. Les fueron entregados los libros. La señorita Peters, alta, varonil, con su cabello corto y voz grave, era la encargada de su curso. Las niñas la querían, aunque algunas veces deseaban que no las tratase como si fuesen muchachos. Tenía una risa cálida y modales francos. Durante las vacaciones, montaba a caballo prácticamente todo el tiempo y era la encargada de dar las clases de equitación los sábados por la mañana en Torres de Malory.

—La verdad es que me sorprende que no venga a clase con los pantalones de montar —decía Alicia a menudo a las de tercero, haciéndolas reír—. ¡Supongo que odia las faldas!

—¿Separo los libros para Wilhelmina Robinson, la chica nueva? —preguntó Jean, que era la encargada de los libros—. ¿Cuándo va a venir, señorita Peters?

—Esta mañana, tengo entendido —contestó la profesora—. Ella y sus hermanos han tenido que guardar cuarentena, no sé por qué motivo. Creo que la señorita Grayling dijo que llegaría esta mañana. Supongo que en su coche.

Después del recreo, las de tercero fueron a la sala de costura durante media hora y desde allí vieron la llegada, la asombrosa llegada de Wilhelmina Robinson.

De pronto oyeron ruido de cascos de caballos en el exterior, un ruido tremendo. Alicia se acercó de dos zancadas hasta la ventana, preguntándose si alguien estaba recibiendo clase de equitación; pero lanzó un grito.

—¡Vaya! ¡Miren esto! ¿Quién será?

Toda la clase se acercó a la ventana. La buena y dulce profesora de costura protestó ligeramente.

—¡Niñas, niñas! ¿Qué están haciendo?

—Señorita Donnelly, venga a ver —le dijo Alicia.

La profesora acudió a la ventana y vio a una niña montada en un caballo negro y, con ella, siete muchachos, cuya edad iba de los ocho a los dieciocho años, ¡cada uno con su montura! Se oían risas, el corvetear de los caballos y los gritos de «¡Eh, por aquí!».

—¡Cielos! ¡Debe de ser Wilhelmina! —exclamó Darrell—. ¡Y sus siete hermanos! ¡No me digan que sus hermanos también ingresarán en Torres de Malory!

—¡Vaya! ¡Valiente manera de llegar! —comentó desdeñosamente Gwendoline Mary—. ¡Galopando como cosacos! ¡La familia de Wilhelmina debe de ser muy peculiar!

CAPÍTULO V

LA LLEGADA DE WILHELMINA

Por desgracia, el timbre que señalaba la clase siguiente sonó en aquel momento y las de tercero no pudieron ver lo que ocurría a continuación. ¿Saldría la señorita Grayling a recibir a los jinetes? ¿Cómo entraría Wilhelmina en Torres de Malory? ¡Darrell se la imaginaba subiendo a caballo los peldaños del recibidor!

—¡Cielos! Mira que llegar al colegio montada a caballo... —dijo Alicia—. Supongo que su caballo se quedará aquí. Hay otras niñas que los tienen. ¡Y venir con sus siete hermanos! ¡Vaya niña!

Nadie había podido ver con claridad qué aspecto tenía Wilhelmina. En realidad, fue difícil diferenciarla de los chicos, puesto que todos llevaban pantalones de montar. Las de tercero fueron a su clase comentando la llegada con animación. ¡Wilhelmina prometía ser alguien!

—Me da miedo —exclamó Mary-Lou.

—No seas tonta —le replicó Mavis, que siempre se mostraba dura con Mary-Lou—. ¿Por qué va a darte miedo? En todo caso, asco. Yo aborrezco a las chicas hombrunas y estoy segura de que ella lo es. No pensará más que en caballos y en perros, y también olerá a eso. Es lo que le ocurre a la gente que está tan loca por los animales.

—Pues la señorita Peters no piensa como tú —respondió Darrell.

—¡Oh, la señorita Peters! —exclamó Mavis—. Lo que más me gusta es salir de su clase. ¡Es demasiado exigente!

Darrell se echó a reír. La señorita Peters era bastante exigente y gritona, pero de buena pasta, aunque no resultaba simpática a las chicas temperamentales como Mavis. Tampoco sentía mucha simpatía por Alicia y Betty cuando le gastaban alguna de sus estúpidas bromas. En realidad, se había mostrado tan en contra de los trucos en clase, que Alicia y Betty, las pobres, habían dejado de ponerlos en práctica.

Aquella mañana Wilhelmina no apareció por la clase, pero Jean encontró al ama que la esperaba en el pasillo cuando el tercer curso salió para dirigirse al comedor. Acompañaba la inspectora alguien que, aparte del uniforme del colegio, parecía un muchacho.

—Jean —le dijo la inspectora—, tú eres la delegada de clase de tercero, ¿verdad? Bien, pues ocúpate de Wilhelmina por mí, ¿quieres? Y llévala al comedor. No pudo venir ayer porque no había terminado la cuarentena. Mira, Wilhelmina, ésta es Jean, la delegada de clase de tu clase.

—Hola —dijo Wilhelmina con una sonrisa masculina que dejó al descubierto unos dientes muy blancos y simétricos.

Jean la miró y le gustó enseguida.

Wilhelmina llevaba el cabello cortado casi como el de un muchacho, aunque se le rizaba un poco, cosa que le fastidiaba. Su rostro era cuadrado, su nariz respingona, la boca grande y los ojos de color castaño claro y muy separados. Su tez estaba cubierta de pecas desde la frente a la pequeña, pero enérgica, barbilla.

—Hola —contestó Jean—. Te vi llegar a caballo, ¿verdad?

—Sí —dijo Wilhelmina—. Me acompañaron mis siete hermanos. Mamá se enfadó mucho. Quería que viniera en el coche con ella y papá pero cogimos nuestros caballos y salimos al galope antes que ellos.

—¡Cielo santo! —exclamó Jean—. ¿Eso hicieron? ¿Cada uno tiene su caballo?

—Sí. Tenemos unos establos muy grandes —le explicó Wilhelmina—. Papá se dedica a la cría de caballos de carreras. Oye, yo nunca he estado en un internado. ¿Es horrible? Si es así, montaré sobre Trueno y me largaré de aquí sin pensármelo dos veces.

Jean miró a Wilhelmina y se preguntó si lo diría en serio; comprendió que no. Llevó a Wilhelmina, entre risas, hacia el cuarto de baño, porque debía lavarse las manos antes de comer. ¡De lo contrario, la señorita Potts se hubiese dado cuenta de que las tenías manchadas de tinta!

—Torres de Malory es un colegio estupendo —le dijo Jean—. Te gustará.

—¿Podré montar a Trueno cada día? —preguntó Wilhelmina mirando a su alrededor por el gran cuarto de aseo, donde las niñas charlaban y reían mientras se lavaban—. Te aseguro que no hubiera venido si no me dejan traer a Trueno. También tendré que cuidar de él, aunque eso represente perderme alguna clase. No le gustaría que cuidara de él nadie que no fuese yo.

—¿Nunca has ido a un colegio? —le preguntó Belinda, que había escuchado todo esto con interés.

—No. Recibía clase con el tutor de tres de mis hermanos —respondió Wilhelmina—. No había ningún colegio cerca. Vivimos en pleno campo. Supongo que seré la última de la clase.

A Belinda le gustó aquella niña tan espontánea.

—Apuesto a que no —le dijo, mirando a su alrededor para ver si estaba cerca Gwendoline. Sí, estaba allí—. ¡Por lo menos mientras Gwendoline Mary esté en la misma clase!

—No seas mala —contestó Gwendoline, furiosa al ver que se burlaban de ella delante de la nueva compañera.

—Puede que al principio te resulte un poco extraño —prosiguió Jean—. Ayuda mucho haber estudiado antes en otros colegios, pero no habiendo ido antes a ninguno... bueno, seguro que te encontrarás un poco rara, Wilhelmina.

—Escucha, ¿te importaría que te pidiera un favor? —dijo Wilhelmina, mirando fijamente a Jean.

—¿Cuál? —contestó Jean, preguntándose qué vendría a continuación. Las otras las rodearon para escuchar. Wilhelmina las miró a todas.

—Bueno —comenzó—, en mi vida me han llamado Wilhelmina. Es un nombre horrible. Todo el mundo me llama Bill. Después de todo, la gente llama Bill a los Williams para abreviar, ¿verdad? Por eso mis hermanos me llaman Bill, como diminutivo de Wilhelmina. Si todas empiezan a llamarme Wilhelmina, me pondré muy triste. Creeré que no me llaman a mí.

En los casos corrientes, si una nueva hubiese solicitado un apodo, todas se hubiesen reído o aconsejado que lo pensara mejor. Los apodos sólo se dan a las personas que se conocen muy bien y simpatizan. Gwendoline Mary abrió la boca para decirlo, pero Belinda habló primero.

—Sí. Te llamaremos Bill. Te sienta muy bien. Wilhelmina es un nombre bonito para según qué persona, pero no para ti. Realmente eres Bill. ¿Qué dicen, Darrell, Jean?

Todas se pusieron de acuerdo enseguida. No podía por menos que gustarles aquella niña pecosa y espontánea, con su pelo corto y su franca sonrisa. Era Bill. No podían llamarla de otra manera.

—Bueno, muchas gracias —dijo Bill—. Muchísimas gracias. Ahora ya puedo olvidarme de que me bautizaron poniéndome Wilhelmina.

Mavis y Gwendoline Mary parecieron no aprobar esta decisión. ¿Por qué tenían que darle nada más llegar un apodo a una nueva, sólo porque ella lo pedía? Daphne tampoco estaba de acuerdo. ¿Cómo era posible que a una chica le gustase un nombre de chico? ¿Y cómo podía gustarle a nadie llevar el cabello tan corto como Wilhelmina y tener tantas pecas?

¡Vaya, Daphne no hubiera podido soportar ni una sola peca!

Zerelda entró en el cuarto de aseo, peinada correctamente sin el moño en lo alto de su cabeza. Jean la miró.

—Caramba, Zerelda, qué distinta estás, pareces diez años más joven. Apuesto a que la señorita Williams se pondría como loca al verte, ¿verdad?

—Desde luego está loca —replicó Zerelda—, quiero decir que es muy rara. Le tengo verdadero miedo. ¡Ojalá tuviera a la profesora de ustedes, la señorita Peters! Oye, ¿qué diantres es esto?

Y se quedó contemplando con asombro a Bill, que sostuvo su mirada sin pestañear. Las dos se examinaron de arriba abajo.

—¿Eres chico o chica? —dijo Zerelda—. ¡No lo distingo!

—Me llamo Bill —contestó ésta con una sonrisa—. Abreviatura de Wilhelmina. ¿Y tú?

—Zerelda. Abreviatura de nada —replicó la aludida—. ¿Por qué llevas el pelo así?

—Porque no puedo soportar el llevarlo como tú —replicó Bill.

Zerelda volvió a mirarla como si no pudiese dar crédito a sus oídos.

—Nunca había visto una niña como tú. Oye, eres «marravillosa». ¡Sí, todos los ingleses son «marravillosos»!

—Cualquiera diría que tu madre no es inglesa —intervino Darrell—. Y has vivido con ella toda la vida, ¿no es cierto? Siempre hablas como si no hubieses conocido nunca a un inglés.

—Mi madre es más americana que nadie —contestó Zerelda—. No sé por qué se le ha metido en la cabeza el que viniera a Inglaterra. Ha olvidado que ha sido inglesa. Me gustaría llevarte a los Estados Unidos conmigo, Bill. ¡Vaya, allí nadie podría creer que fueses de verdad! Eres...

—«¡Marravillosa!» —corearon todas al unísono, y Zerelda rió.

Sonó un timbre.

—¡A comer! —gritó Belinda—. Estoy muerta de hambre. ¡Aquí nos dan un desayuno asqueroso!

—¡Asqueroso! —convinieron todas. Todas habían comido grandes platos de quena, leche, huevos revueltos, tostadas y mermelada, pero siempre decían que la comida era asquerosa, a menos, claro está, que un extraño se atreviese a criticar la comida del colegio, porque entonces se convertía *al instante* en demasiado estupenda para ser descrita con palabras.

Bajaron al comedor. Zerelda decidió sentarse con las de tercero, debido a que había hecho muy mal papel en cuarto curso aquella mañana y se sentía insignificante, pero la señorita Williams fue a buscarla.

—¡Zerelda! Ahora debes comer en aquella mesa. Déjame que vea tu peinado.

Zerelda se sometió al detenido examen de la señorita Williams, alegrándose de no haberse pintado los labios. ¿Cómo se atrevía la señorita Williams a tratarla como a una niña de seis años? Estaba furiosa y contrariada, pero pronto se animó al ver las grandes fuentes de estofado, rodeadas de toda clase de verduras. ¡Cómo le gustaban las comidas inglesas! Eran... no «marravillosas», no... ¿Cuál era la palabra que empleaban las otras?... Sí, eran estupendas.

Darrell escribió a Sally aquella noche contándole cosas sobre Bill y Zerelda.

Bill te gustará (es el diminutivo de Wilhelmina) —escribió—. *Toda sonrisas y pecas. Lleva el pelo muy corto, está loca por los caballos, tiene siete hermanos, dice exactamente lo que piensa y, sin embargo, no nos importa lo más mínimo.*

Mordió la pluma antes de continuar.

Pero en cuanto a Zerelda... se cree que va a ser artista de cine y dice que es «marravillosa» actuando. Tendrías que haber visto cómo iba peinada y cómo se maquillaba! Pensamos que íbamos a divertirnos con ella y bajarle un poco los humos, pero después de todo, no está en nuestro curso. Tiene casi diecisiete años y va a cuarto. Creo que a la señorita Williams casi le da un ataque cuando la vio entrar en clase esta mañana. Sally, date prisa en regresar. Betty tampoco ha llegado, de manera que Alicia y yo nos hacemos compañía mutuamente; pero yo te prefiero mucho más a ti. En ti confío, en Alicia no. Me da la sensación de que con ella voy a hacer tonterías. ¡Espero vivir hasta que vuelvas!

Alguien asomó la cabeza por la puerta.

—¡Eh! ¿Está aquí Wilhelmina? La inspectora la llama. ¡Wilhelmina!

Nadie se movió.

CAPÍTULO VI

BILL Y TRUENO

Al cabo de pocos días a Darrell le parecía que llevaba semanas en el colegio. Le daba la impresión de que su casa estaba muy lejos y pensó con pesar en su hermana Felicity, que asistía a un colegio como externa. Vaya, Felicity no podía adivinar siquiera lo que era estar en un internado donde todas las niñas se levantan a la misma hora, comen juntas, planean las diversiones cada tarde en grupos y luego corren a acostarse todas a la vez.

Wilhelmina o Bill había estado bastante silenciosa durante los dos o tres primeros días. Darrell se preguntaba si añoraría su casa. Por lo general, las niñas alegres y normales no la extrañaban, pues la vida en Torres de Malory era tan llana y alegre que realmente no quedaba tiempo para nada de eso.

De todas formas, le pareció que Bill estaba algo seria.

—¿No echarás de menos tu casa, verdad? —le preguntó una mañana, mientras caminaba por uno de los pasillos al lado de Bill.

—¡Oh, no! Lo que echo de menos son los caballos —contestó Bill, sorprendiéndola—. No dejo de pensar en todos los que quedaron en casa y que tanto quiero: Hermosura, Estrella, Negrito, Terciopelo, Medianoche, Señorita, Muffet, Ladybird y...

—¡Cielo santo! ¿Cómo puedes acordarte de tantos nombres? —exclamó Darrell sorprendida.

—No podría olvidarlos —respondió Bill en tono solemne—. Torres de Malory va a gustarme, lo sé; pero no puedo evitar echar de menos a todos nuestros caballos y el estruendo de sus cascos y su modo de pifiar y relinchar. ¡Oh, tú no puedes comprenderlo, Darrell! Sé que me creerás tonta. Verás, tres de mis hermanos y yo solíamos ir a caballo cada mañana a casa del tutor a cuatro kilómetros de distancia, y éramos nosotros quienes ensillábamos a nuestros caballos y luego salíamos galopando por las colinas.

—Bueno, no podías seguir haciéndolo toda la vida —dijo Darrell sensatamente—. De todas formas, volverás a hacerlo durante las vacaciones. Tienes suerte de haber traído a Trueno contigo.

—Por eso vine a Torres de Malory —respondió Bill—, porque podía traer a Trueno. Oh, querida Darrell, está tan lejos el fin de semana, cuando no hay clases. No quiero pensar qué ocurrirá cuando tenga que asistir a las clases y no pueda ver a Trueno en todo el día. Es una lástima que la señorita Peters no le permita estar al fondo de la clase. Se portaría bien.

Darrell soltó un torrente de carcajadas.

—¡Oh, Bill! ¡Tú estás loca! A mí también me encantaría que Trueno estuviese en clase. Estoy segura de que Mademoiselle le enseñaría a relinchar en francés.

—No lo haría. No le gustan los caballos. Me lo dijo

—replicó Bill—. Le dan miedo. ¡Imagínate, Darrell! Jamás hubiera pensado que existiese alguien en el mundo lo bastante tonto como para tener miedo de un caballo.

La mayor parte de las de tercero habían ido a los establos a ver el maravilloso caballo de Bill. En realidad a Darrell no le parecía maravilloso, puesto que no entendía gran cosa de caballos, pero le parecía estupendo su modo de dar la bienvenida a Bill, relinchando de placer y apoyando su gran belfo aterciopelado en el arco de su brazo y demostrándole lo más claramente posible que adoraba cada centímetro de su pecosa ama. Mavis, Gwendoline, Daphne y Mary-Lou no se acercaron a él. Era un caballo grande y negro, y estaban seguras de que debía de morder y dar coces. Pero a las demás les encantó.

Zerelda tampoco tuvo miedo y lo admiró mucho.

—Vaya, es «marravilloso» —afirmó—, pero es una lástima que tengas que ponerte esos horribles pantalones para montarlo, Wilhelmina.

Bill frunció el ceño. Odiaba que le llamasen por su nombre completo.

—Supongo que tú montarías con una falda vaporosa y amplia y los cabellos sueltos hasta la cintura, con anillos en los dedos y campanillas en los pies —replicó—. ¡Camino de Banbury Cross!

Zerelda no comprendió. Ignoraba que se refería a una canción de cuna inglesa, pero sonrió como siempre.

—Estás «marravillosa» cuando frunces el ceño —dijo.

—Cállate —exclamó Bill, dándole la espalda. La irritaba Zerelda y sus aires de persona mayor, e incluso su constante buen humor. Zerelda no parecía ofenderse nunca, por mucho que se burlaran o rieran, cosa muy usual en Mavis.

Esto hacía que las otras se sintieran insignificantes y bastante estúpidas, y les incomodaba estar a su lado. En realidad, parecía ser mucho mayor que ellas y, deliberadamente, se daba aires de persona mayor, se burlaba de su ropa, de su peinado, de su afán de acalorarse y ensuciarse con barro mientras jugaban y de su completa falta de interés por las vidas y vicisitudes de los artistas de cine.

Pero era generosa y amable y jamás perdía el dominio de sus nervios, por eso era difícil que no gustase. Gwendoline, naturalmente, la adoraba. Casi olvidó por completo a Mavis por causa de Zerelda, cosa que contrarió en gran manera a la orgullosa y joven cantante de ópera, acostumbrada a sus atenciones.

La primera semana de colegio propiamente dicha comenzaba al día siguiente, que era lunes. No más condescendencias por parte de las profesoras, no más negligencias en las niñas, no más facilidades.

—Ahora trabajo para todas —les dijo la señorita Peters—. No es un trimestre muy largo, pero deben trabajar responsablemente para obtener buenos resultados, aunque tengamos una o dos semanas menos de clase.

El tercer curso no sólo se componía de las niñas que habitaban en la Torre Norte, sino de las de la misma promoción que se hospedaban en otras torres, por lo que era una clase muy numerosa. El promedio era elevado y la señorita Peters muy estricta.

Mavis había estado en la lista negra de la señorita Peters durante el trimestre anterior, debido a su trabajo deficiente; pero, como era su primer año, no fue demasiado dura con ella. Sin embargo, ahora, la profesora, como todo el mundo, se estaba cansando del estribillo de Mavis: «Cuando sea cantante de ópera», y había decidido convertir a Mavis en una buena estudiante de tercero, cantase o no.

—Será mejor que vayas con cuidado —le dijo Gwendoline que aquella mañana había captado cierta mirada de la señorita Peters dirigida a Mavis—. ¡Conozco esa mirada! ¡Este trimestre tendrás que estudiar y olvidarte un poco de tu voz!

—Cuando quiera un consejo, ya te lo pediré —replicó Mavis—. ¡No me da miedo nuestra querida señorita Peters, como te ocurre a ti! No voy a convertirme en esclava, ni a ser desgraciada en Torres de Malory por la señorita Peters ni por nadie. Pierde tú el tiempo si quieres, nunca tendrás una carrera, ni serás alguien.

Gwendoline se sintió herida. Como muchas personas tontas y débiles, tenía una gran opinión de sí misma y, como en su casa la mimaban continuamente, se creía realmente superdotada.

—Si vas a decirme esas cosas, no voy a ser amiga tuya —susurró.

—Bueno, ve en busca de Zerelda —respondió Mavis, olvidándose de hablar en voz baja.

—¡Mavis! ¿Qué es lo que susurran Gwendoline y tú? —exclamó la señorita Peters en voz alta—. Una palabra más y pueden tener la seguridad de que se quedarán sin recreo.

Bill parecía que no estaba a gusto el primer lunes por la mañana. Miraba por la ventana y daba la impresión de estar ausente. No prestó la menor atención a lo que decía la señorita Peters.

—¡Wilhelmina! —exclamó al fin la profesora—. ¿Has hecho algo de lo que he dicho?

Todas se volvieron para mirar a Bill, que seguía mirando por la ventana con expresión soñadora en su pequeño rostro cuadrado.

—¡Wilhelmina! —repitió la señorita Peters, crispada—. Te estoy hablando.

Bill siguió sin enterarse de nada y, ante el regocijo y la sorpresa de las niñas, de pronto lanzó un ligero ronroneo, como si estuviese completamente sola en la habitación.

La señorita Peters estaba asombrada. Las niñas rieron. Darrell sí sabía lo que estaba haciendo. Había oído aquel ronroneo antes, era el sonido con el que Bill consolaba a Trueno cuando éste apoyaba la cabeza sobre el hombro de ella.

«¡Debe de imaginarse que está con Trueno! —pensó Darrell—. Que está en el establo, acariciándolo.»

La señorita Peters se preguntaba si Wilhelmina se encontraría bien y volvió a hablarle.

—Wilhelmina, ¿estás sorda? ¿Qué te pasa?

Gwendoline le dio a Bill un manotazo en la espalda que le hizo dar un respingo y se volvió para mirar contrariada a Gwendoline por haberla despertado tan bruscamente de sus sueños. Gwendoline le señaló con la cabeza a la señorita Peters.

—Es suficiente, Gwendoline —dijo la profesora—. Wilhelmina, ¿quieres tener la amabilidad de prestarme atención? Te estoy hablando desde hace varios minutos.

—¡Oh, lo siento! ¿De veras? —dijo Bill, disculpándose—. Tal vez me ha llamado usted Wilhelmina. Si me llamase Bill, siempre contestaría. Verá usted...

La señorita Peters la miró con aire desaprobador. ¡Qué niña tan extraña!

—En adelante, Wilhelmina, haz el favor de prestar atención a lo que diga y no tendré necesidad de llamarte de ninguna manera —le advirtió—. Y en cuanto a que te llame Bill, haz el favor de no ser impertinente.

Bill la miraba con asombro.

—¡Oh, señorita Peters! No he querido molestarla. Lamento no haberla oído. Pensaba en Trueno.

—¡Trueno! —exclamó la señorita Peters, que no tenía la menor idea de que el caballo de Bill se llamase así—. ¿Por qué pensar en truenos en un día como el de hoy en que luce un sol tan hermoso? Creo que es una tontería.

—¡Pero es precisamente el día indicado para pensar en Trueno! —contestó Bill con los ojos brillantes—. Pienso en Trueno, galopando por las colinas y...

Todas procuraron contener la risa. Sabían perfectamente que Wilhelmina hablaba de su caballo, pero la pobre señorita Peters estaba más nerviosa que nunca.

—Es suficiente, Wilhelmina —cortó secamente la profesora—, nada de truenos, relámpagos, ni...

—Oh, ¿cómo sabe usted que mi hermano tiene un caballo que se llama Relámpago? —exclamó Bill encantada al pensar sinceramente que la señorita Peters hablaba de caballos.

Pero ahora la señorita Peters estaba convencida de que Wilhelmina era tonta y mal educada. La miró con frialdad.

—¿Tienes el libro abierto por la página treinta y tres? —le preguntó—. ¡Me parece que no! ¿Cómo vas a seguir la lección si ni siquiera tienes el libro abierto por donde debes?

Bill se apresuró a buscar la página treinta y tres e intentó apartar de su mente el recuerdo de Trueno. Hizo un ligero ruido semejante al de los cascos de un caballo y Alicia e Irene se miraron al instante.

—¡Está loca por los caballos! —susurró Alicia y, cuando la profesora estaba de espaldas, comenzó a mecerse adelante y atrás simulando el trote de un caballo, cosa que hizo reír a toda la clase.

Darrell estaba encantada. Era estupendo hallarse de nuevo en el colegio, estar en clase estudiando y reír viendo el despiste de la señorita Peters y demás. Echaba mucho de menos a Sally, pero Alicia era divertida.

«Le pediré que nos haga alguno de sus trucos —pensó Darrell—. ¡Hace siglos que no tenemos una auténtica diversión en clase!»

CAPÍTULO VII

EN LA SALA COMÚN DE TERCER CURSO

Las dos primeras semanas de aquel trimestre de Pascua fueron frías, aunque soleadas. Las niñas se peleaban por conseguir los sillones junto al radiador en la sala común. Gwendoline, Mavis y Daphne fueron las que más se quejaron del frío, pues eran las que siempre hacían el menor ejercicio posible y, por consiguiente, siempre tenían sabañones y resfriados.

Bill no parecía sentir el frío en absoluto. Seguía bronceada, aunque el verano quedaba ya muy lejos. A Darrell y Alicia les gustaba el frío y les entusiasmaba salir a jugar al *lacrosse* por las tardes.

Salían diez minutos antes que las otras para entrenarse. Gwendoline no podía entenderlo. Ella y Mavis se hicieron amigas de nuevo por su común aversión al frío y se burlaban de Alicia y Darrell por ser tan atrevidas.

Naturalmente, Zerelda, por ser de cuarto, no podía relacionarse muy a menudo con las de tercero, razón por la que Gwendoline tuvo que renunciar a su propósito de ser su mejor amiga. Zerelda no parecía muy feliz en el cuarto curso, pensó Darrell. Por la tarde, solía acudir a la sala común de las de tercero con la excusa de coger un libro o un disco. Entonces se se entretenía hablando con Darrell y las otras.

—¿No tienes todavía ninguna amiga íntima? —le preguntó Darrell una tarde.

Zerelda retorció entre sus dedos uno de sus rizos hasta hacerle ocupar un lugar apropiado.

—No —respondió—. Las de cuarto son unas engreídas. Se creen que no soy capaz de sostener mi propio peso. Y piensan que va a hundirse el mundo porque no quiero entrar en el equipo de *lacrosse*.

—Bueno, eres tan alta que le irías muy bien al equipo —respondió Darrell, observándola—. Podrías hacer muy buenas paradas. ¿Sabes correr?

—¡Correr! ¡Yo no quiero correr! —exclamó Zerelda asombrada—. Y en cuanto a la delegada de deportes, ¿cómo se llama?, Molly Ronaldson; bueno, ¿viste alguna vez una niña semejante? Grande como un caballo e igual de torpe. Grita y baila por el césped como si se hubiera vuelto loca.

Darrell rió.

—Molly Ronaldson es una de las mejores delegadas que hemos tenido. Con ella hemos ganado más partidos que nunca. Es un verdadero genio para escoger a las personas adecuadas para formar los equipos. ¡Cielos, si yo consiguiera entrar en uno de los equipos, estaría tan emocionada que no podría dormir por la noche!

—¿Por eso? —dijo Zerelda con su marcado acento americano mientras la miraba con asombro—. Bueno, tal vez no pudiera dormir si tuviera la cara llena de pecas como Gwendoline, o si se me rompiera una uña, pero no perdería mi sueño por ningún deporte del mundo.

—Eres una niña extraña, Zerelda —afirmó Darrell, mirándola con interés—. Estás perdiendo los mejores años de tu vida, quiero decir que no disfrutas de las cosas que entusiasman a la mayoría de las niñas inglesas de tu edad. Pasas horas y horas con el arreglo de tu pelo, cara y uñas, cuando podrías divertirte jugando al *lacrosse*, yendo de excursión, o incluso en el gimnasio.

—¡En el gimnasio! ¡Ésa es otra cosa que no puedo comprender que les guste! —exclamó Zerelda.

Gwendoline, que había ido a reunirse con ellas, asintió con la cabeza.

—Yo tampoco lo entiendo —intervino con voz remilgada—. Es una lástima que la gimnasia y los deportes sean obligatorios. Si no lo fueran, no me preocuparía de ellos para nada.

—Eso es sólo porque eres tan mala deportista que te pones en ridículo cada vez que apareces en el gimnasio o en el campo de deportes, querida Gwendoline —puntualizó Alicia con mala intención—. Zerelda es distinta. Apuesto a que serviría, pero cree que ella está muy por encima de todas esas cosas.

Cualquier otra niña se hubiera enfadado, pero Zerelda se limitó a sonreír. Gwendoline, sin embargo, se enojó por la poco amable referencia a su gimnasia y estilo deportivo, y frunció el entrecejo mirando a Alicia.

—Bonito ceño el tuyo, Gwen —dijo Belinda que apareció de pronto con su cuaderno de apuntes—. ¿Te importa que te dibuje así? ¡Es un ceño precioso!

Gwendoline frunció el entrecejo todavía más y se marchó. Sabía que Belinda dibujaba muy bien y la temía. No deseaba que dibujase su ceño y que luego circulara por la sala común acompañado de un coro de risas. Belinda cerró su cuaderno y adoptó una exagerada expresión de desconsuelo.

—¡Oh, se ha ido! ¡Era un ceño tan bonito! No importa, conseguiré dibujarlo en otra ocasión.

—¡Malvada! —gruñó Gwendoline entre dientes y fue a sentarse al lado de Mavis. Ahora sabía que debía estar prevenida contra el lápiz de Belinda. Cuando Belinda deseaba algo, no paraba hasta conseguirlo.

—Será mejor que ahora vuelvas a la sala común de cuarto curso —dijo Jean a Zerelda—. ¡A las de cuarto no les gustará que hagas vida con nosotras! Ya sabes que no nos hacen demasiado caso. Y después de todo, tú eres de cuarto, Zerelda.

—Lo sé. ¡Y ojalá no lo fuese! —contestó Zerelda mientras se levantaba.

—Entonces las de cuarto, ¿no son «marravillosas»? —preguntó Alicia con una sonrisa.

Zerelda se alejó graciosamente después de encogerse de hombros.

—Si pensase en algo más que no fuera su aspecto y su modo de comportarse y parecer mayor; si se dedicara a los deportes y se tomara un poco de interés por su trabajo, las de cuarto no la dejarían de lado —comentó Jean con su acostumbrado sentido común—. ¿Pero de qué sirve decirle eso a Zerelda? Ella no pertenece en absoluto al colegio.

Irene entró en busca de algo, canturreando una tonadilla.

—*¡Tunti-ta ti-tunti-ta-ti-tu!*

Acababa de componer un alegre baile y estaba muy satisfecha. Las niñas la miraron sonriéndose unas a otras.

—¿Adónde vas a estas horas de la noche, Irene? —le preguntó Alicia.

Irene pareció sorprendida.

—A ninguna parte —fue su respuesta—. Sólo estoy buscando mi cuaderno de música. Quiero escribir mi nueva tonada. *¡Tunti-ta ti-tunti-ta-ti-tu!*

—Sí, muy bonita —dijo Alicia, en tono aprobador—, ¿pero por qué te has puesto el sombrero y el abrigo si no vas a ninguna parte?

—¡Oh, cielos! ¿De veras? —exclamó Irene con sorpresa, mirando su abrigo y llevándose las manos a la cabeza para palpar el sombrero—. ¡Maldición! ¿Cuándo me los he puesto? ¿Es que no me los quité esta tarde cuando volvimos del paseo?

—Pues a la hora de la merienda no los llevabas; de lo contrario, la señorita Potts te hubiese dicho algo —intervino Alicia—. Realmente eres una despistada, Irene. No tienes remedio.

—Oh, sí, ya sé lo que debe de haber ocurrido —rememoró Irene, que tomó asiento todavía con el abrigo y el sombrero puestos—. Fui a buscar un par de medias limpias, absorta en mi nueva canción y, en vez de las medias, debí de coger el sombrero y ponérmelo. Luego también me puse el abrigo. ¡Maldición! Ahora tendré que ir a quitármelos y a buscar mis medias, y quería escribir esa canción.

—Yo te los guardaré y te buscaré las medias —se ofreció Belinda, consciente de que Irene no haría nada a derechas hasta haber escrito la canción.

—¿De veras? ¡Eres un ángel! —exclamó Irene, quitándose el abrigo y el sombrero. Darrell rió. Belinda era tan despistada como Irene. Sería un milagro que fuese hasta el armario de Irene para guardar sus cosas, y podía apostar sin temor diez contra uno a que no se acordaría de las medias.

Belinda desapareció con el sombrero y el abrigo. Irene comenzó a tararear de nuevo su tonadilla y Mavis se puso a cantarla con su hermosa voz.

—¡Estupendo! —exclamó Irene, complacida—. Tú haces que suene dos veces mejor, Mavis. Un día escribiré una canción para tu voz.

—Y yo la cantaré en Nueva York —replicó Mavis con simpatía—. Si yo canto una de tus canciones te haré famosa, Irene. Cuando sea cantante de ópera...

—Cuando seas cantante de ópera, Mavis, serás todavía más presuntuosa que ahora —replicó Alicia con su voz cortante—, lo cual, aunque parezca del todo imposible, no lo es.

—¡Jean! ¿Es que no puedes impedir que Alicia diga semejantes cosas? —protestó Mavis, roja de indignación—. Yo no soy orgullosa. ¿Puedo evitar tener una voz como la mía? Es un don y haré que sea un don para el mundo entero cuando sea mayor.

—Reconozco que la lengua de Alicia es bastante sarcástica a veces —dijo Jean—, pero es que tú te buscas que te digan esas cosas, Mavis.

Mavis guardó silencio enojada. Gwendoline comenzó a simpatizar con ella porque también le molestaba la lengua de Alicia. Mary-Lou, que zurcía unas medias en un rincón, deseó no ser tema apropiado para la lengua de Alicia.

—¿Dónde está Belinda? —preguntó Darrell—. Lleva mucho tiempo buscando tus medias, Irene.

—Desde luego —respondió Irene que ahora había olvidado sus medias por completo—. ¡Maldición! Si no las trae pronto, tendré que ir a buscarlas yo misma. No tengo más remedio que ponerme unas limpias para cenar.

Mademoiselle entró apresuradamente, taconeando sobre sus zapatos altos. Llevaba un sombrero y un abrigo en la mano.

—¡Irene! —le dijo en tono de reproche—. ¿Son tuyos? Ya he tenido que recogerlos tres veces de sitios distintos. ¡Y esta vez casi me caigo por la escalera por culpa de tu sombrero y tu abrigo!

Irene la miró sorprendida.

—Pero, ¿dónde estaban? —preguntó.

—En la escalera, para que yo me cayese —dijo Mademoiselle—. Los vi al bajar y me dije: ¿qué es esto? ¿Acaso alguna se ha puesto mala en la escalera? Pero no, eran el abrigo y el sombrero de Irene una vez más. Estoy muy disgustada contigo, Irene. ¡Vas a tener una nota muy baja!

—¡Oh, no, Mademoiselle! —rogó Irene preocupada. Una nota baja perjudicaría a toda la clase. Mademoiselle, de veras que lo siento.

—Una nota muy baja —repitió Mademoiselle al salir de allí sobre sus altos tacones.

—¡Caramba con Belinda! —exclamó Irene—. ¿Qué le habrá pasado para haberlos dejado en la escalera?

Belinda entró en aquel momento y fue saludada por una salva de comentarios.

—¡Nos hemos ganado una mala nota por tu culpa,

despistada! ¿Qué hiciste con las cosas de Irene? ¡Mademoiselle las encontró en la escalera!

—¡Caramba! —exclamó Belinda con desmayo—. Sí, ya recuerdo. Subía por la escalera y se me cayó el lápiz. Dejé las cosas en el suelo para buscarlo y debí olvidarme por completo. Lo siento, Irene.

—Está bien —contestó Irene, poniéndose solemnemente el sombrero y el abrigo—. Iré ahora a dejarlos y me los pongo para no olvidarlos por cualquier parte.

Desapareció durante largo rato. El timbre sonó anunciando la cena. Hubo desbandada general y las niñas se prepararon para bajar al comedor.

—¿Dónde estará Irene ahora? —dijo Jean exasperada—. ¡La verdad es que debería estar encerrada en una jaula para que siempre supiésemos dónde encontrarla!

—¡Aquí está! —exclamó Darrell con una serie de carcajadas—. ¡Irene! ¡Sigue todavía con el abrigo y el sombrero! Oh, nos vas a hacer morir de la risa. Deprisa, Alicia, quítaselos y corre a llevarlos arriba. Volverá a conseguir que nos bajen la nota si no vamos con cuidado.

CAPÍTULO VIII

ZERELDA PASA MALOS RATOS

Durante las dos o tres primeras semanas del trimestre, la pobre Zerelda lo pasó muy mal. Aunque era mayor incluso que las de cuarto y, por consiguiente, hubiera debido de encontrar fácil su trabajo, descubrió, con desaliento, que estaba mucho más atrasada que sus compañeras de estudios. Fue un duro golpe para ella. Después de toda su pose y aires de persona mayor, y su manera de considerar jóvenes y tontas a sus condiscípulas, era muy humillante descubrir que sus matemáticas, por ejemplo, no estaban a la altura de las matemáticas del cuarto curso.

—¿Nunca hiciste estas sumas? —le preguntó la señorita Williams sorprendida—. ¿Y álgebra y geometría? No pareces comprender ni lo más elemental, Zerelda.

—Nosotros, en los Estados Unidos, no recibíamos las lecciones del mismo modo que aquí —objetó Zerelda—. No nos preocupábamos tanto. A mí nunca me gustaron ni el álgebra ni la geometría, por eso no me interesé por ellas.

La señorita Williams la miró con desaprobación. ¿Es

que allí descuidaban la educación de los niños, o era simplemente que Zerelda era tonta?

—No son sólo tus matemáticas —dijo al fin—, es casi todo, Zerelda. ¿Es que no estudiabas gramática en tu colegio?

Zerelda reflexionó intensamente.

—Tal vez sí —respondió al fin—, pero me figuro que no prestábamos mucha atención a la profesora que nos la enseñaba. Supongo que jugábamos durante las clases.

—¿Y no estudiaste nada de historia? —continuó la señorita Williams—. Comprendo, claro está, que la historia que te enseñaron no era la nuestra, pero la señorita Carton, la profesora de historia, dice que no sabes ni una palabra de la historia de tu país, y los Estados Unidos son un gran país. Me parece una lástima que no sepas nada de su maravillosa historia.

Zerelda pareció preocupada y trató de pensar en algo que hiciese en el colegio. ¿Por qué se había tomado verdadero interés? ¡Ah, la clase de declamación!

—Estudiamos mucho a Shakespeare, señorita Williams —le dijo—. ¡Vaya! A mí me entusiasmaba Shakespeare. Es «marravilloso». Yo hice de Lady Macbeth. Si me hubiese visto tratando de lavar la culpa de mis manos.

—Sí, me lo imagino —replicó la profesora secamente—. Pero hay algo más en la educación que representar a Lady Macbeth, Zerelda. Tendrás que estudiar en serio para alcanzar el nivel de tu curso. Yo estoy dispuesta a darte clases de refuerzo, si quieres, y Mademoiselle, que está desolada con tu francés, dice que también te dedicará algo de su tiempo libre.

Zerelda estaba realmente alarmada. Vaya, ¿no era bastante tener tantas clases y deportes a los que esperaban prestase atención y que requerían tantas horas de dedicación, para, además, tener que hacer trabajos extra?

Parecía tan alarmada que la señorita Williams se echó a reír.

—Bueno, Zerelda, no te agobiaré con trabajos extras todavía, si de veras haces un esfuerzo para intentar dedicar tu atención al trabajo del colegio y no... eh... no tanto a tu rostro, digamos uñas y cabellera.

Zerelda estaba anonadada. Ella iba a ser una famosa estrella de cine, de manera que, ¿para qué iba a servirle tanta álgebra e historia? ¡Era inteligente! Eso lo sabía, sólo que los sistemas de enseñanza americanos y los ingleses eran muy distintos. Tenían diferentes programas. La vida era más fácil en los Estados Unidos.

Se miró sus uñas largas, bellamente pulidas, y sus bien cuidadas manos. Se daba cuenta de que la señorita Williams la había avergonzado haciéndole sentirse inferior a las demás. ¡Zerelda no podía soportarlo! ¡Era mejor que cualquiera de esas torpes niñas inglesas, que en realidad no sabían nada!

De manera que se mantuvo en sus trece y no dijo nada. La señorita Williams recogió sus papeles mientras pensaba que Zerelda era realmente una niña muy difícil.

—Bueno, eso es todo de momento —le dijo—. Espero verte trabajar mucho más de ahora en adelante, Zerelda, pero, por favor, piensa también en tus compañeras de cuarto curso. Sabes que un ejercicio mal hecho representa una nota baja que cuenta para el promedio de todo el cuarto curso. Y tú tienes demasiadas.

Zerelda pensó que las notas eran una tontería. ¡No le

hubiera importado tener veinte o treinta ceros a la semana! Pero a las otras alumnas de cuarto curso, sí les importaba, y mucho.

La delegada de clase habló de ello con Zerelda.

—Escucha, Zerelda, ¿no puedes dejar de sacar ceros? Este curso se ha ganado dos días de descanso, pero cualquier grado que tenga más de cuarenta ceros se queda sin esas vacaciones. ¡Todas las niñas se enfadarán mucho si les haces perder estos días libres, te lo aseguro!

De manera que, entre los serios discursos de la señorita Williams, las advertencias de Lucy y los aplausos a Ellen, una chica muy seria, ganadora de una beca, que a pesar de su corta edad la habían pasado de tercero a cuarto curso, la pobre Zerelda lo pasó bastante mal.

«¡No tengo tiempo para hacer nada! —pensaba para sí aquella noche mientras se limaba las uñas—. Tengo que cuidar mi cabello y tardo horas en enroscarlo como es debido y peinarlo. Tampoco puedo abandonar el cuidado de mi rostro ni el de mis uñas. No dispongo ni de un minuto para mí, pero tengo que hacer algo para lograr mejorar mi trabajo. En primer lugar, siento que estoy dejando muy mal a mi país. No puedo soportar que estas niñas inglesas sean mejores que yo en todo.»

Así que Zerelda trató de estudiar, pero su orgullo no le permitía abandonar su pose ni sus aires de mayor. En realidad, ya no despreciaba a las niñas inglesas; pero iba a demostrarles que ella, Zerelda, estaba muy por encima de ellas en todas las materias que importasen.

Zerelda había esperado poder demostrar su habilidad para el teatro actuando en la obra que el cuarto curso iba a representar. Pero, ¡cielos!, era una obra francesa, y el francés de Zerelda no satisfacía a Mademoiselle.

—*C'est terrible* —exclamó Mademoiselle Dupont y, por una vez, la otra Mademoiselle estuvo de acuerdo con ella. Ambas estaban asombradas de Zerelda y sus modales, y pasaban ratos muy agradables contándose cosas de ella, *cet enfant terrible*, la niña terrible.

Cuando Zerelda hubo conseguido quince ceros, tres ejercicios devueltos de cada seis y uno que no lo hizo siquiera porque dijo que no lo sabía, la señorita Williams fue a ver a la señorita Grayling.

—Zerelda Brass no está preparada para el cuarto curso —dijo a la señorita Grayling—. Las está poniendo furiosas por las malas notas que saca. Lo malo es que ellas saben que pierde mucho tiempo en su arreglo personal y piensan que, si dedicara más tiempo a su trabajo, haría algo mejor. Yo misma se lo he dicho, naturalmente. No creo que sea mala, señorita Grayling; sólo tonta y mal educada, y con ideas equivocadas. ¿Qué vamos a hacer?

—¿Usted cree que podría arreglarse con clases extras? —preguntó la señorita Grayling—. Tiene casi dieciséis años, ya sabe. Conseguir el Diploma del Colegio debería estar a su alcance. El informe escolar americano que ha presentado es bueno, por lo menos eso parece.

—No, no creo que se pueda resolver con clases especiales —afirmó la señorita Williams—. La preocuparían demasiado. Sencillamente no está a la altura del cuarto curso y la verdad es que creo que tampoco del tercero. Lo malo es que tiene una gran opinión de sí misma y parece mirar a todo el mundo por encima del hombro y las niñas se dan cuenta.

—¡Naturalmente! —respondió la directora—, y con razón.

Se calló durante unos minutos. Se sentía un tanto decepcionada. Había esperado que la niña americana cayera bien a las inglesas y que las inglesas ayudaran a la americana; pero, al parecer, la cosa no había resultado así.

—Debemos ponerla en el tercer curso —dijo al fin la señorita Grayling—. Sé que es una humillación y que Zerelda se sentirá ofendida; pero, por otra parte, creo que no le hará ningún daño. Envíemela.

—Gracias, señorita Grayling —dijo la señorita Williams antes de salir, realmente aliviada al pensar que Zerelda ya no estaría bajo su responsabilidad. Ahora podría borrar todas aquellas malas notas que la americana había sacado en su curso. Las niñas se alegrarían. Era un grupo estudioso y la señorita Williams se sentía orgullosa de ellas. Se alegraba de librarse de una niña que no les había traído más que problemas.

«Pero en realidad no es mala —pensó la profesora, que era muy justa en sus juicios—. Sólo que no está a la altura de los estudios de cuarto curso. Estará mejor en tercero.»

Envió a Zerelda a ver a la señorita Grayling. Zerelda, que se hubiese reído al pensar que pudiera asustarla alguna profesora la primera vez que llegó a Torres de Malory, comprobó que su corazón latía con violencia al ir al encuentro de la señorita Grayling en su simpático despacho.

Al entrar, se encontró ante el escritorio de la directora. La señorita Grayling dejó la pluma y observó a Zerelda. Se dio cuenta de que sus cabellos cobrizos estaban recogidos, pero muy bien peinados, que sus uñas brillaban pulidas y cuidadas, que su rostro estaba cuidadosamente empolvado.

—Zerelda, te he mandado llamar porque creo que no estás a la altura de los estudios de cuarto curso —dijo la señorita Grayling yendo directa al grano, como hacía siempre en esas ocasiones.

Zerelda se puso roja como la grana.

—Lo lamento, porque tú eres mayor que todas ellas —continuó la señorita Grayling—. Pero creo que te sería demasiado difícil continuar a base de clases extraordinarias, y también me temo que el cuarto curso, que debe obtener el Diploma del Colegio, no aceptaría de buen grado la cantidad de malas notas que has cosechado.

Zerelda enrojeció todavía más y se enfadó consigo misma por ello. ¿Por qué le importaba aquel estúpido cuarto curso?

—Por consiguiente, creo que lo mejor será que vayas a tercer curso —prosiguió la señorita Grayling—. Ellas no se toman la vida ni las lecciones tan en serio como las de cuarto, de manera que allí te encontrarás mejor y podrás estudiar más a gusto.

Zerelda estaba sorprendida. ¡Pasar a un grado inferior! ¡Qué desgracia! Cierto era que le gustaban las de tercero y que no tragaba a las de cuarto, pero no deseaba perder un curso. ¿Qué diría su familia? Su abuela se quedaría pasmada.

—Oh, señorita Grayling, eso no me gustaría —respondió desesperada.

Desabrochó un botón y volvió a abrocharlo, una y otra vez repitió la operación sin darse cuenta.

—Deja en paz ese botón, Zerelda —le ordenó la señorita Grayling—. Creo que pronto te encontrarás bien entre las de tercero. Puedes ir allí mañana. Se lo diré a la señorita Peters. Traslada todas tus cosas esta noche.

—¡Pero, señorita Grayling, no me diga eso! —suplicó Zerelda sintiéndose muy pequeña y desdichada y sin gustarle nada el proyecto—. Todo esto es nuevo para mí, este colegio inglés... y el trabajo también. Compréndalo.

—Sí, lo comprendo muy bien —condescendió la señorita Grayling—. En parte por eso creo que lograrás adaptarte mejor si te traslado a un curso inferior. Estoy convencida de que no saldrías adelante en cuarto. Pero, Zerelda, procura progresar, ¿quieres? Perteneces a un gran país y aquí eres su única representante. Procura ser más estudiosa y compórtate bien, si puedes. Yo creo que lo harás.

Esto era lo único que podía conmover a Zerelda. ¡Vaya, ella era norteamericana! Estaba viviendo en Inglaterra, pero era un poquito de los Estados Unidos. De acuerdo, pasaría a tercer grado sin protestar. ¡Y si las niñas se burlaban de ella, les demostraría que no le importaba! Pero debía intentar sacar adelante sus estudios. ¡Desde luego que no la bajarían ningún otro curso!

—Puedes marcharte, Zerelda —le dijo la señorita Grayling y la niña obedeció.

La directora la observó mientras cerraba la puerta con su acostumbrado donaire. Si pudiera verse como una simple colegiala y no como Zerelda, la prometedora estrella de cine, ¡qué agradable podría llegar a ser!

CAPÍTULO IX

EN EL CAMPO DE *LACROSSE*

La señorita Grayling envió a buscar a la señorita Peters para decirle que Zerelda iría a su clase.

—Va a ser muy duro para ella —dijo la señorita Peters—. No me refiero al trabajo, aunque no creo que Zerelda encuentre fáciles los estudios de tercero, sino el haber sido degradada.

—Algunas veces las cosas duras nos convienen —observó la señorita Grayling y la señorita Peters asintió.

Al fin y al cabo, las niñas no iban a Torres de Malory sólo para aprender lecciones en clase, sino para aprender también otras cosas: ser justas y sinceras, generosas, valientes, amables. ¡Tal vez aquello fuera incluso más importante que las lecciones!

—No sé si usted considerará conveniente decir algo a las de tercero antes de que Zerelda aparezca en clase —insinuó la señorita Grayling—. Tiene usted un par de alumnas, Gwendoline, por ejemplo, que tal vez no se muestren muy amables. Unas palabras previas no irían mal.

—Sí, lo haré —contestó la señorita Peters—. Bueno, no espero que la situación sea fácil con Zerelda, señorita

Grayling. Tiene ideas muy raras sobre las cosas, dedica todo el tiempo a su arreglo personal. Yo no tengo mucha paciencia para esa clase de niñas.

—No —comentó la señorita Grayling pensando que a Zerelda le convendría estar bajo la vigilancia de la activa señorita Peters durante una temporada—. Bueno, hay bastantes cualidades en esa niña, parece gozar de muy buen humor y me gusta su sonrisa. Diga unas palabras a la clase, pero no le dé mucha importancia al asunto.

Así que, ante la inmensa sorpresa de sus alumnas, la señorita Peters dirigió unas palabras antes de la clase de la tarde.

—¡Oh, a propósito! —dijo—. Vamos a tener otra compañera en la clase. Zerelda Brass va a venir con nosotras.

Gwendoline contuvo el aliento mirando a su alrededor con aire triunfal. Pero no gozaba por la humillación de Zerelda. Estaba encantada al pensar que ahora la niña americana estaría a su alcance, en su clase y en la sala común. Gwendoline podría bailar a su alrededor cuando quisiese. Sería su amiga.

La señorita Peters interpretó mal la alegría de Gwendoline.

—¡Gwendoline! Espero que no te alegres de la incapacidad de otra niña para seguir estudiando en una clase superior. Creo...

—¡Oh, señorita Peters! —exclamó Gwendoline con expresión dolida—, como si yo pudiera hacer nada semejante. Me gusta Zerelda. Me alegro de que venga a nuestra clase. Le daré la bienvenida.

La señorita Peters no sabía si creerla o no. Gwendoline no le gustaba y desconfiaba de ella. Decidió concederle el beneficio de la duda.

—Lo mejor sería que no discutieran el asunto con Zerelda, si ella prefiere no hablar de ello —aconsejó, dirigiendo una fría mirada a Alicia. Conocía la sarcástica lengua de Alicia. Ésta sostuvo su mirada. No tenía intención de burlarse de Zerelda, pero en el fondo de su mente malintencionada sabía que la desgracia de la norteamericana sería un arma estupenda para tratar con ella, si se daba demasiada importancia.

Después de la clase de la tarde había media hora de entrenamiento de *lacrosse*. Las de tercero salieron todas, Gwendoline la última, como siempre, con Mavis que corría a su lado. Eran la desesperación de las monitoras de deportes. Todas las niñas comenzaron a hablar de Zerelda.

—¡Caramba! ¡Mira que ser rebajada así de curso! —comentó Irene—. Pobre Zerelda. Seguro que se siente muy mal.

—Yo creo que debe de sentirse terriblemente avergonzada —afirmó Mary-Lou—. Sé cómo me sentiría yo. ¡No querría volver a mirar a nadie a la cara!

—Seguro que las de cuarto se alegrarán —comentó Jean—. Ellen me contó que habían conseguido más notas bajas por culpa de Zerelda que en los tres cursos anteriores juntos. Esperemos que no nos obsequie a nosotras con demasiadas. ¡No lo hemos hecho demasiado mal hasta ahora, excepto cuando Irene y Belinda se olvidan de utilizar su cerebro!

—Creo que todas debemos ser amables con Zerelda —propuso Gwendoline—. Tenemos que demostrar que nos alegra que esté en nuestra clase.

Mavis miró torvamente a Gwendoline. Sabía muy bien que, en cuanto apareciera Zerelda, ella, Mavis, perdería la amistad de Gwendoline. Nadie más tenía tiempo para Mavis. No es que Gwendoline fuese una gran amiga, pero por lo menos era alguien con quien hablar y murmurar.

—Bueno —dijo Darrell—, Zerelda tendrá sus defectos, pero tiene muy buen humor y es generosa, y yo voto por tenerla entre nosotras.

Así que, sintiéndose muy solidarias y generosas, las de tercero se hicieron el propósito de ser muy amables con Zerelda y facilitarle cuanto pudiera mejorar su desdichada posición.

La imaginaron entrando en clase al día siguiente sonrojada, con la cabeza gacha, casi llorando. ¡Pobre Zerelda! Se alegraría de su buena acogida.

—¡Darrell! ¡Darrell! Ven a hacer algunas paradas —le gritó la monitora de deportes. Darrell acudió a la carrera. Era una buena corredora y le encantaba el *lacrosse*. ¡Cómo deseaba formar parte de uno de los equipos! Pero era difícil para una de tercero entrar en el equipo del colegio, a menos que poseyera alguna excepcional habilidad o fuese muy alta y fuerte.

—¡Paras muy bien, Darrell! —le gritó la monitora—. Cualquier día entrarás en un equipo. Necesitamos una buena corredora en el tercer equipo que sepa hacer buenas internadas.

Darrell sonrió llena de orgullo. ¡Oh, si consiguiera entrar en un equipo! Cómo se alegrarían sus padres, y cómo se daría importancia delante de Felicity.

—Yo jugaba en el equipo cuando fuimos a Barchester. Estaba en un ala porque soy muy rápida —diría—. ¡Y conseguí un gol!

Lo imaginó todo mientras corría para hacer otra parada. ¿Y si practicase intensamente cada minuto que tuviera libre? ¿Podría solicitar a Molly Ronaldson que la dejase entrenarse más?

Molly siempre decía que estaba dispuesta a dar oportunidades a las pequeñas, si eran lo bastante listas como para pedírselo.

Pero Molly tenía dieciséis años y Darrell sólo catorce. Molly parecía muy mayor, muy superior, y una gran persona para Darrell, que en realidad no tenía gran opinión de sí misma.

Vio que Molly iba a abandonar el campo, acalorada y feliz, y haciendo acopio de todo su coraje se acercó a la robusta niña con timidez.

—Perdona, Molly, ¿podría pedirte algo? Me gustaría formar parte de alguno de los equipos algún día. ¿Tú crees que tendré alguna posibilidad si me entreno fuera de horas y tú me das algunos consejos?

Roja como una amapola, Darrell contempló a Molly, la famosa delegada de deportes.

Molly se echó a reír dando una palmada en la espalda a Darrell.

—Bueno, chica —le dijo—. Ayer mismo le dije a Joan que estás progresando mucho y que te haría bien un poco más de entrenamiento. Te entrenaré las horas en las que entreno a las posibles jugadoras de equipo. Puedes venir en cualquier momento que estés libre.

—Oh, gracias, Molly—exclamó Darrell que apenas podía hablar de alegría—. Iré siempre que pueda. —Y echó a correr con el rostro resplandeciente. ¡Molly ya le había hablado de ella a Joan! Se había fijado en ella y observó que progresaba. Darrell se sentía tan feliz que fue saltando como una corza, hasta tropezar en una esquina con Mademoiselle y casi la tiró al suelo.

—Vaya, ¿a qué se debe este comportamiento? —exclamó Mademoiselle, que se tambaleó sobre sus altos tacones y se agarró frenéticamente a la pared—. ¡Darrell! ¿En qué piensas para doblar la esquina como un animal salvaje?

—¡Oh, Mademoiselle, lo siento! —exclamó Darrell, feliz—. La verdad es que no era ésta mi intención. Oh, Mademoiselle, Molly Ronaldson va a entrenarme fuera de horas para el *lacrosse*. ¡Imagínese! ¡Puede que algún día forme parte del tercer equipo!

Mademoiselle iba a comentar que por nada del mundo se alegraría de que la robusta Molly diese clases extraordinarias de *lacrosse* a Darrell, pero al ver los ojos brillantes de la muchacha sonrió. Sentía especial predilección por ella.

—¡Me alegro mucho por ti, *ma petite*! —le contestó—. Realmente es un gran honor. Pero no dobles así las esquinas para tropezar con la pobre Mademoiselle otra vez. ¡Has hecho que el corazón me diera un respingo!

—Querrá decir un vuelco, Mademoiselle —rectificó Darrell mientras se marchaba sin poder contener la risa.

Contó a las otras lo que Molly le había dicho. Todas quedaron muy impresionadas, excepto aquellas a las que no les gustaban los deportes. Ninguna de tercero había formado parte jamás de un equipo del colegio, aunque una o dos de las más fuertes, tales como Jean, se lo habían propuesto firmemente.

Y Sally también.

—Con Bill que sale a montar su caballo a cada momento, Irene que ensaya su nueva tonada en el piano, Mavis que ejercita su voz y ahora tú, Darrell, que vas a entrenarte de la mañana a la noche, el tercer curso pronto tendrá la sala común vacía —se lamentó Alicia un poco celosa de que Molly se hubiese fijado en Darrell.

—¡Zerelda estará aquí en compensación! —dijo Darrell—. No creo que le moleste nuestra compañía, siempre venía a nuestra sala común hasta que tú se lo impediste, Jean.

Zerelda acudió a la clase del tercer curso al día siguiente con su caja de lápices y de pintura, que había olvidado llevarse de la otra clase la noche anterior. Hizo su aparición con aire despreocupado.

Las de tercero comenzaron a mostrarse amables inmediatamente.

—Oye, Zerelda, ¿querrás ocupar este pupitre hasta que Sally regrese? —le preguntó Darrell—. Está muy bien situado.

—No, Zerelda. Ven a sentarte a mi lado —intervino Gwendoline—. Me gustará mucho.

Alicia miró a Zerelda con atención. Tenía el mismo aspecto de siempre. No inclinaba la cabeza, no parecía preocupada, ni siquiera había enrojecido.

«¡No creo que le importe un comino!», pensó Alicia.

Pero a Zerelda sí le importaba. Y mucho. Era muy duro entrar en la clase de un curso inferior sabiendo que a todas les habían dicho que había descendido.

Deseaba que no se mostrasen tan amables con ella.

Era una gentileza por su parte, pero odiaba pensar que eran amables con ella porque la compadecían.

«¡Levanta la frente, Zerelda! —se dijo para sí—. Eres americana. ¡Haz ondear tu bandera! Actúa como si no te importase.»

De manera que ocupó el pupitre donde puso sus cosas la noche anterior, aparentemente con la mayor despreocupación. Guardó su plumier y su caja de pinturas, y comenzó a buscar el libro que iba a necesitar para la próxima clase.

Las de tercero estaban un tanto indignadas. Habían decidido tan solidaria y generosamente dar la bienvenida a Zerelda y ayudarla a soportar lo que ellas consideraban una gran desgracia, y a ella parecía no importarle lo más mínimo. Era exactamente la misma de siempre, hablando con su marcado acento americano, ahuecándose el cabello y, si cabe, más segura de sí misma que nunca.

Darrell estaba bastante sorprendida. Consideraba que Zerelda debía de haber demostrado un poco más de sentimiento. No se detuvo a pensar que tal vez Zerelda estuviera haciendo una demostración de valentía, como así era. En el fondo, se sentía desdichada, avergonzada y muy pequeña.

La señorita Peters entró presurosa como de costumbre. Mary-Lou cerró la puerta. La mirada de la profesora recorrió toda la clase.

—¡Siéntense! —dijo, y las niñas obedecieron.

Su rápida mirada había sorprendido a Zerelda, pero la señorita Peters vio lo que otras no vieron: un corazón presa del pánico bajo la valiente apariencia de Zerelda.

Una mano que temblaba ligeramente al coger un libro y una voz no tan firme como de costumbre.

«Lo siente, desde luego —pensó la señorita Peters—, pero no va a demostrarlo. Bueno, tiene mucho coraje. Esperemos que aprenda que no es una persona tan importante como creía. ¡Si conseguimos llegar a la verdadera Zerelda, tal vez encontremos a alguien que valga la pena conocer! Es posible. ¡Todavía no lo sé!»

La clase comenzó. Zerelda se concentró intensamente y se olvidó de sus cabellos, sus uñas y sus vestidos. ¡Trabajó de veras por primera vez en su vida!

CAPÍTULO X

BILL Y LA SEÑORITA PETERS

La mayoría de las chicas de tercer grado se habían adaptado ya a sus tareas trimestrales. No obstante, Alicia echaba de menos a Betty, ya que Darrell no sustituía del todo a su antigua amiga. Darrell era segura, leal y natural, pero carecía de la chispa y la osadía de Betty. Sin embargo, era mejor que no tener a nadie. ¡Alicia deseaba que Sally no regresase antes que Betty!

Bill también estaba nerviosa. Tenía la impresión de que Trueno echaba de menos a los otros caballos que se quedaron en casa y siempre desaparecía para estar con él.

—¡Cómo quieres a ese caballo! —le dijo Alicia con disgusto—. Me pregunto si él lo soporta.

La señorita Peters amonestaba siempre a Bill por soñar en clase. El trabajo de Bill era muy irregular. Era muy brillante para el latín, que había estudiado intensamente con sus hermanos. Sabía muy poco francés, con la consiguiente desesperación de Mademoiselle. No estaba muy fuerte en matemáticas, porque el tutor de sus hermanos se había dedicado más a los chicos en esta materia, por lo que andaba algo rezagada.

—No creía que estudiasen muchas matemáticas en los colegios de niñas —explicó Bill—. Pero me sé las tablas, señorita Peters.

—¡Eso espero! —gimió la profesora—. Tendrás que estudiar hora extras, Wilhelmina.

—Oh, no puedo —replicó Bill—. Debo ocuparme de Trueno.

La señorita Peters ya sabía ahora que Trueno era el nombre del caballo de Bill. Lo había visto y admirado ante el entusiasmo de la niña. También se había maravillado del magnífico dominio de Bill para montarlo. Ella y el caballo parecían un solo ser. Nunca era más feliz que cuando montaba con las otras, galopando por el hermoso campo que se extendía detrás de Torres de Malory.

Pero la contrariaba que sólo la dejasen montar en compañía de las demás. No le permitían nunca llevarse sola a Trueno.

—Pero en mi casa lo hago —protestaba—. He estado saliendo sola cada día durante años y años. Es una tontería que no me lo permitan ahora. ¿Qué daño puede hacerme? Estoy todo el tiempo con Trueno.

—Sí, ya lo sé —replicó la señorita Peters con paciencia por vigésima vez—, pero ahora no estás en tu casa, sino en el colegio, y debes hacer lo mismo que tus compañeras y seguir el reglamento. No podemos hacer una regla para ti y otra para las demás.

—No veo por qué no —replicó Bill obstinada.

A menudo parecía grosera, tal era su vehemencia, y algunas veces la señorita Peters se impacientaba ante su incorrecto proceder.

—Bueno, por fortuna no eres tú quien dirige este colegio —dijo la señorita Peters—. Debes hacer lo que se te diga. Y si insistes en estas tonterías, te prohibiré ver a Trueno durante dos o tres días.

Bill se quedó desconcertada, mirando a la profesora como si no pudiera dar crédito a sus oídos. Se puso roja hasta la raíz del cabello.

—Pero yo no podría estar sin ver a Trueno —contestó Bill tratando de hablar con calma—. Usted no lo comprende, señorita Peters. Aunque debería entenderlo, porque a usted también le gustan mucho los caballos.

—Ya lo creo —replicó la señorita Peters con la misma calma—. Pero yo no estoy loca por ellos como tú, quiero decir que no pienso, sueño, huelo y monto caballos cada minuto del día y de la noche como tú. Sé razonable, Wilhelmina, te consiento muchas cosas y tú lo sabes. Ya es hora de que hagas un esfuerzo y pienses un poco menos en Trueno y un poco más en otras cosas.

Pero eso era precisamente lo que Bill no podía hacer, como pronto descubrieron sus compañeras de tercero. No iba a practicar *lacrosse*. No iba de paseo. Ni siquiera hacía ninguna de sus obligaciones extras en la sala común, que todas debían realizar por turnos. Era Mary-Lou quien las hacía por ella.

Mary-Lou era tan gentil y amable que hubiera hecho cualquier cosa por cualquiera. Jean se enfadó mucho cuando descubrió a Mary-Lou arreglando las flores de la sala común en lugar de Bill.

—¿Por qué haces esto? —le preguntó—. Puedes ver en la lista que esta semana le toca a Bill.

—Lo sé, Jean —contestó Mary-Lou asustada por el tono crispado de Jean—, pero Bill deseaba lavar a Trueno. Ayer se ensució mucho con barro.

—Estoy cansada de que Bill salga corriendo hacia los establos, de que nunca tome parte en las cosas que hacemos las de tercero y que encima busque a otra que se encargue de sus obligaciones —dijo Jean—. Tengo que hablar con ella sobre esto.

Pero no causó mayor impresión en Bill que la señorita Peters. Bill había pasado la vida entre caballos. Como bien dijera la profesora, había estado pensando, soñando, oliendo y montando caballos toda su vida, y no deseaba hacer ninguna otra cosa.

Hubiera sido una excelente jugadora de *lacrosse* de haber entrenado. Era estupenda para la gimnasia, ágil y con un maravilloso sentido del equilibrio. La profesora de gimnasia estaba encantada con ella y cantaba sus alabanzas a todo el mundo.

Bill sabía hacer volatines con la facilidad de un payaso de circo, girando sobre sus pies y manos mientras las demás la observaban con asombro. Podía lanzarse al aire y dar una voltereta completa.

La profesora de gimnasia prohibió a las demás que lo intentasen.

—Sólo conseguirían lastimarse —afirmó.

Pero en realidad nadie de la clase deseaba dar volteretas en el aire.

Bill también sabía andar sobre las manos, y las chicas a menudo le pedían que lo hiciera por las noches, cuando no podía ir a los establos. Bill era natural y simpática, y no perdía la cabeza por las alabanzas y aclamaciones que le dedicaban frecuentemente por su habilidad en el gimnasio o en la sala común.

Zerelda la observaba maravillada. No podía imaginar que a ninguna niña le gustase hacer aquellas cosas extraordinarias. Pensaba que Bill estaba completamente loca, pero no podía evitar que le gustase. En realidad, la mayoría de las niñas la apreciaban mucho, aunque las fastidiaba y exasperaba que no quisiera unirse a ellas en nada.

Belinda hizo algunos dibujos muy bonitos de Trueno. Era estupenda dibujando animales, y cuando Bill los vio, exclamó encantada:

—¡Belinda! ¡Son sencillamente maravillosos! ¡Por favor, dámelos!

—No —respondió Belinda, poniéndolos en su carpeta—. Los guardaré para mi colección de dibujos de animales.

—Bueno, Belinda, haz uno especial para mí —le suplicó Bill—. ¡Oh, Belinda, tú puedes! Le pondré un marco y lo tendré encima de mi tocador.

—¡Cielos, Bill, si ahora tienes ya seis fotografías distintas de caballos! —contestó Belinda—. No tienes sitio para el dibujo de Trueno.

—¡Lo tengo! ¡Lo pondré delante de todos! —exclamó Bill—. Belinda, ¿querrás dibujarme a Trueno? Si lo haces, haré cualquier cosa por ti.

—¡Mentira! —replicó Belinda—. Por el único que harías tú algo sería por Trueno. No serías capaz de levantar un dedo por la señorita Peters ni por nadie del tercer curso, y tú lo sabes.

Bill pareció sobresaltarse.

—¿De verdad soy tan mala? —preguntó angustiada—. ¿Es eso lo que todas piensan de mí?

—Claro —contestó Belinda—. Vaya, si ni siquiera cumples con tus obligaciones. Oí cómo Jean te reñía por eso. Mary-Lou tiene que hacer lo que te corresponde. Así que no puedes tener un dibujo de Trueno, mi querida Bill, porque de ser así te pasarías las tardes mirándolo embobada cuando no pudieras ir a los establos, lo que nos pondría aún más furiosas.

Belinda hizo una pausa para tomar aliento. Bill parecía a punto de montar en cólera. Luego el sentido de la justicia acudió en su ayuda.

—Sí, tienes razón, Belinda. No me gusta que tengas razón, pero la tienes —dijo con sinceridad—. Es probable que corriera escaleras arriba para contemplar el retrato de Trueno, si tuviera uno realmente bueno. Y siento haber dejado que Mary-Lou hiciera mi trabajo, después de habérmelo advertido Jean. Le diré que la semana que viene haré yo el suyo para compensarla.

—Bien —dijo Belinda—. Si cumples tu palabra, te dibujaré montando a Trueno, si quieres. Pero te lo quitaré si vuelves a las andadas, porque sólo voy a prestártelo hasta que vea que cumples tu promesa.

Bill rió. Le gustaba Belinda y también Irene. Ambas hacían las cosas más tontas y descabelladas, pero eran divertidas y siempre podía confiar en ellas. Deseaba tener un dibujo de Trueno, ya que sólo tenía una fotografía muy mala de él. ¡Ahora tendría un dibujo precioso!

Jean pensó que era el resultado tardío de su reprimenda lo que hizo que Bill se ofreciera para hacer las tareas de Mary-Lou la semana siguiente. Y se alegró.

Belinda cumplió su palabra e hizo un hermoso retrato al carbón de Bill con sus pantalones de montar y un jersey amarillo, cabalgando a Trueno. Bill estaba emocionada. Hizo que Mary-Lou fuese enseguida al pueblo para comprarle un marco. No consiguió encontrarlo, de manera que quitó el de uno de los retratos de caballos que tenía ante su tocador y en su lugar puso el de Trueno.

Todas lo admiraron.

—Ahora recuerda que todavía no es tuyo, Bill —le advirtió Belinda—. Sólo es prestado. ¡La próxima vez que descuides tus deberes o actividades del tercer curso, verás cómo desaparece el dibujo!

Pero aunque Bill mejoró algo desde aquel día e intentó intervenir en algunos de los actos que las de su curso organizaban, no logró superarse del todo. Tampoco consiguió llevarse muy bien con la señorita Peters. Seguía sentándose ante la ventana con la mirada perdida en la lejanía. Olvidaba que su nombre era Wilhelmina y soñaba sin prestar atención a la señorita Peters ni a Mademoiselle.

Mademoiselle se lamentaba amargamente.

—¡Esta niña ni siquiera es educada! Le digo: «Wilhelmina, no sueñes» y ni siquiera se molesta en contestarme. Yo le digo: «Wilhelmina, ¿estás sorda?» y sigue sin responderme. Nunca, nunca aprenderá a decir nada en francés, excepto *le cheval*. Señorita Peters, sólo consigo que esa niña vuelva la cabeza cuando digo de pronto el nombre de su caballo: *¡Trueno!* Entonces se vuelve enseguida. Esa niña está loca. Todas las niñas inglesas están locas, pero ésta más que ninguna.

La señorita Peters decidió castigar a Bill de la forma más dolorosa para ella.

—Aquí tienes la lección de geografía —le dijo a Bill—. Cópiala. Hasta que me la entregues, no irás a ver a Trueno.

En otras ocasiones le decía:

—Wilhelmina, hoy no has prestado atención durante la clase de esta mañana. No irás a los establos en todo el día.

Bill se quedaba furiosa y resentida, y desobedecía. No iba a quedarse sin ver a Trueno por nadie en el mundo. ¡Y menos por la señorita Peters! Por eso, ante el disgusto de Jean, ignoraba los castigos de la señorita Peters y se marchaba a ver a Trueno siempre que quería.

La señorita Peters no había imaginado, siquiera, que Bill pudiera desobedecerla.

—Cualquier día lo descubrirá, Bill —le dijo Alicia—. ¡Y entonces pagarás las consecuencias! La verdad es que eres tonta.

Con Bill y su caballo, Zerelda y sus aires, Irene y Belinda con sus despistes y Mavis con su obsesión por la ópera, la señorita Peters consideraba que tenía la clase más difícil del colegio.«¡Y todas son de la Torre Norte! —pensó—. La verdad es que compadezco a la señorita Potts, la encargada. ¡Van a volverla loca! Ahora me pregunto cuándo va a devolverme Wilhelmina la lección de geografía que tenía que copiar. ¡No irá a ver a su caballo hasta que lo haga!»

Pero la señorita Peters se equivocaba. En aquel mismo instante, Bill estaba en el establo y Trueno comía un terrón de azúcar en la palma de su mano.

CAPÍTULO XI

ALICIA RECIBE UN PAQUETE

Los días pasaban volando. Todavía hacía mucho frío. Gwendoline y Mavis se quejaban amargamente, acurrucadas junto al fuego de la sala común o sentadas casi encima de los radiadores.

—Deberían correr un poco más en el gimnasio o en el campo de *lacrosse* —les decía Darrell, cuyo rostro tenía un tono rosado de buena salud y felicidad. Siempre que tenía un momento libre salía a que Molly la entrenase. ¡Estaba adelantando mucho! Lo sabía. Molly había elogiado sus paradas, calificándolas de excelentes.

Gwendoline miró a Darrell con su ceño acostumbrado. Se sentía muy desgraciada cuando hacía frío, ya que venía de una casa donde había demasiada calefacción y no se acostumbraba a la fresca atmósfera del colegio. La contrariaba que Darrell no tuviera un solo sabañón y verla correr feliz con aquel aire helado, practicando el *lacrosse*.

Belinda se acercó con sigilo a Gwendoline, que no se daba cuenta de que fruncía el entrecejo. El rápido lápiz de Belinda se puso a trabajar. Mavis le dio un codazo a Gwendoline.

—¡Cuidado! ¡Aquí está Belinda otra vez!

Gwendoline se volvió rápidamente e intentó disimular el ceño, ¡pero era tan difícil enfadarse y no fruncir el entrecejo!

—¡Lárgate, Belinda! ¡No quiero que me dibujes! —le dijo con temor—. Ojalá me dejases en paz. Odio tu manera de venir detrás de mí; a eso le llamo yo espiar.

—¡Oh, no! —exclamó Belinda—. Es sólo que me interesas. ¡Tienes un ceño tan interesante! El más feo de todo el colegio. Va, frunce el entrecejo y permíteme que lo dibuje.

Gwendoline abandonó su expresión ceñuda, no sin gran esfuerzo. Belinda sonrió.

—Pobre Gwendoline, está tan enfadada que desearía fruncir el entrecejo más que nunca; pero no lo hará. Bueno, no importa, me esperaré a la próxima ocasión.

Se marchó y todas rieron. Los ojos de Gwendoline se llenaban de lágrimas con facilidad. Siempre lloraba por cualquier cosa. ¡Qué odiosa era Belinda! Gwendoline pensó que debía fruncir el entrecejo ante el espejo y entonces podría ver qué tenía de particular. Probablemente no sería peor que el de Mavis o el de Bill, pero esa horrible Belinda pensaba que era una bonita manera de tomarle el pelo.

Darrell entró después de su entrenamiento con el rostro resplandeciente.

—¡Escuchen, niñas! ¿Saben una cosa? ¡Tal vez sea reserva del tercer equipo! Sólo tercera reserva, pero ya es algo.

—¿Qué es una reserva? —preguntó Zerelda, pensando que debía de ser algo maravilloso, a juzgar por los ojos resplandecientes de Darrell.

—Bueno, si tres niñas se lesionan durante el próximo partido, yo ocuparé el puesto de la tercera —explicó Darrell.

—La tercera reserva nunca juega —observó Alicia—. Todo el mundo lo sabe. De manera que no te hagas muchas ilusiones, Darrell.

—No me las hago, Alicia —replicó Darrell—. ¡Ojalá tú también entrenases!, Molly es estupenda y no se cansa nunca de ayudar.

—¡Esa gorda y grosera Molly! —murmuró Zerelda con su acento americano—. ¡Vaya, no puedo ni mirarla!

Era una tontería por parte de Zerelda decir una cosa así. Hizo que Darrell, Jean y el resto de las jugadoras de *lacrosse* se molestasen. ¿Qué importaba el aspecto que tuviera Molly? Era una magnífica delegada de deportes y con ella habían ganado muchos más partidos que en épocas anteriores.

—Tal vez sea gorda, pero no es grosera, es una corredora rápida y muy potente —dijo Darrell con firmeza.

—¡Vaya si lo es! —respondió Zerelda—. El otro día la encontré cuando bajaba la escalera y pensé que se acercaba un terremoto. Pero eran sus pies que golpeaban la escalera. Pueden quedarse con sus Mollys. ¡Yo no las quiero! ¡Toda músculo, sin cerebro, ni atractivo!

—Y supongo que tú eres toda atractivo, pero sin cerebro —intervino Alicia con entonación maliciosa—. ¡Qué bonito! Bueno, los Estados Unidos pueden quedarse con sus Zereldas. ¡Aquí no sirven de mucho!

Zerelda enrojeció y se mordió los labios. Las otras contuvieron el aliento esperando su reacción, pero no la hubo.

—Me imagino que yo me lo he buscado —comentó Zerelda levantándose muy digna. No dijo más, pero salió de la habitación con la misma gracia de siempre.

Nadie dijo una palabra. Se sentían incómodas. No era justo meterse con una niña, cuando todas habían decidido ser amables con ella; pero, por otro lado, Zerelda era realmente cargante y se merecía que la pinchasen.

—¿Dónde está Bill? —preguntó Darrell para cambiar de tema.

—¿Dónde crees que está? —replicó Belinda—. Dando azúcar a Trueno, en el establo.

—Bueno, pues ojalá no fuese así —dijo Jean—. Es una desobediencia y, si la descubren, se llevará una buena reprimenda. He discutido con ella y le he dicho que obedeciera a la señorita Peters para que no le ocurriese nada, pero no ha querido escucharme. Como si estuviera hablando con una pared.

—Dice que Trueno no está bien —intervino Mary-Lou.

—¡Imaginaciones! —exclamó Alicia—. Dice eso para poder ir a verlo sin sentirse demasiado culpable.

—No estoy segura de que mienta —insistió Mary-Lou con su amable voz—. Está muy preocupada por él.

—Bueno, ¿y por qué no le pide a la señorita Peters que lo visite el veterinario? —preguntó Irene.

—Porque si lo hiciera, la señorita Peters querría saber cómo sabía que estaba enfermo —explicó Mary-Lou—. ¡Y entonces sí que subiría la temperatura!

—¡Se oiría un ruidito muy curioso y la señorita Peters comenzaría a echar humo! —exclamó Belinda mientras sacaba su lápiz para dibujar a la señorita Peters echando humo.

Alguien asomó la cabeza por la puerta de la sala.

—¡Eh! Ha llegado el correo postal y hay un paquete para ti, Alicia.

—Gracias —respondió ésta, levantándose para recogerlo—. Espero que sean bombones que me envía mi abuela. Suele mandarme una caja todos los trimestres.

Desapareció. Belinda terminó el dibujo y lo mostró a sus compañeras. Todas se desternillaron de risa. La señorita Peters volaba hacia arriba envuelta en humo del que salían varios rayos.

—¡Estupendo! —exclamó Darrell—. ¡Ojalá pudiera dibujar como tú! ¡Yo no sé dibujar! Tienes suerte, Belinda.

—Sí, es verdad —contestó Belinda recuperando su dibujo, al que añadió algunos trazos más—. No sé qué haría si no pudiera dibujar. Me sentiría desgraciada. Bueno, igual que Irene se sentiría desgraciada sin su música.

—Y yo sería desgraciada sin mi voz —intervino Mavis al instante.

—Sí, tú serías diez veces más desgraciada que Irene o Belinda —añadió Darrell—. Y voy a decirte por qué. Porque tú, sin tu voz, no serías nada, Mavis. Después de todo, Irene sirve para las matemáticas, juega muy bien al *lacrosse* y siempre está dispuesta a divertirse, igual que Belinda, que sirve para todo, aparte de su don para el dibujo. ¡Pero tú no eres más que voz! Piérdela y no creo que nadie sepa dónde estás.

—No puedo evitar el tener una voz que domina todo mi ser —replicó Mavis, complacida—. No es culpa mía si te parezco toda voz. Cuando sea cantante de ópera, yo...

Ésta era la señal para que todas comenzaran a charlar a voz en grito. No importaba lo que dijeran, sólo hablaban para ahogar el estribillo de Mavis. Mientras hablaban, reían al ver su rostro enfurruñado y sus pequeños ojos oscuros brillantes de enojo.

¡Bueno, no le importaba! ¡Que esperasen a que fuera un poco mayor, entonces les demostraría lo que significaba poseer un don como el suyo! Entusiasmaría al mundo entero con su voz única y no se cansarían nunca de vaticinarle una espléndida carrera. Ella podía esperar, aunque eso significara tener que soportar a gente tan vulgar como las de tercer curso.

Alicia entró con un paquete.

—No es de mi abuela —dijo—, de manera que no me rodeen con demasiadas esperanzas. Es de Sam.

Sam era uno de sus hermanos, travieso como el que más. Las de tercero no se cansaban nunca de oír hablar de sus travesuras.

—¿Tú crees que será alguno de sus trucos? —preguntó Darrell con nerviosismo—. Alicia, hace años que no gastas ninguna broma. ¡Espero que sea buena!

Alicia abrió el paquete. En su interior había una caja pequeña. Belinda la cogió para examinarla. Había algo escrito en la tapa:

«¡Estornuden, niños, estornuden!»

—¿Qué significa esto? —exclamó Darrell emocionada—. Abramos la caja.

—Bueno, pero ten cuidado —intervino Alicia, blandiendo una carta de su hermano—. No derrames su contenido. ¡Puede ser valioso!

Darrell abrió la caja. Estaba llena de pastillas redondas y planas, de un centímetro y medio de diámetro.

—¿Qué es esto? —preguntó Darrell—. ¿Y por qué

esa curiosa etiqueta en la tapa: «¡Estornuden, niños, estornuden!»?

Alicia reía leyendo la carta de Sam.

—Escuchen esto —les dijo—. Sam es un verdadero lince. Estas pastillas han sido hechas por uno de los niños de su clase, que es un gran inventor a su manera. Lo que hay que hacer es colocar una pastilla en el estante, humedecerla con una especie de agua salada y luego dejarla. A la media hora desprende una especie de vapor que se introduce en las narices de la gente y la hace estornudar aparatosamente.

Todos rieron.

—Sam dice que se lo hizo a su profesor de dibujo —continuó Alicia, que volvió a reír—. ¡Y estornudó cuarenta y tres veces! Los niños las contaron. ¡Vaya broma!

—¡Hagámoslo con la señorita Peters! —exclamó Darrell, emocionada—. ¡Oh, sí!

La idea de oír a la dispuesta señorita Peters estornudando cuarenta y tres veces era muy tentadora. Alicia leyó la carta de Sam hasta el final.

—Dice que bajo ningún pretexto debe usarse más de una gragea cada vez, porque los efectos son muy malos si entra demasiado vapor en la nariz de alguien. Dice también que el vapor de la pastilla sólo se extiende en un radio de un metro, de manera que si le gastamos esa broma a la señorita Peters, comenzará a estornudar como una loca; pero, nosotras, no.

—¡Me parece un truco supercolosal! —exclamó Darrell—. ¡Realmente superior! Alicia, debemos hacerlo. Me moriría de risa si viera a la señorita Peters estornudar de esa manera. Estornuda de una forma tan potente que no tiene rival en el colegio.

—Bueno no debemos empezar a reír demasiado pronto ni excesivamente, para que la señorita Peters no descubra que es un truco —recomendó Alicia—. Aunque no sé cómo podría descubrirlo. Al fin y al cabo, ella será la única que estornude.

Todas estaban realmente emocionadas. ¡Un truco para la señorita Peters! Muy pocas alumnas de tercero se atrevían a gastarle bromas, porque era muy perspicaz y tan radical en sus castigos que, por lo general, nadie se atrevía a molestarla demasiado. ¡Pero aquel truco era seguro!

—¿Cuándo lo haremos? ¿Mañana? —preguntó Darrell.

—No. Espera a que tengamos exámenes de matemáticas o algo así —replicó Alicia—. Si la señorita Peters estornuda demasiado, no tendremos exámenes.

CAPÍTULO XII

LOS DÍAS PASAN

La emoción siguiente fue la vuelta de Sally. Darrell estaba loca de contento. Abrazó a su amiga y ambas se pusieron a charlar enseguida.

—¡Cuánto me alegro de estar de nuevo aquí! ¡Cómo me ha fastidiado no poder venir a principio de trimestre!

—¡Oh, Sally! ¡No sabes cuánto te he echado de menos! Tengo montones de cosas que contarte.

—Me has escrito cartas estupendas. Estoy deseando conocer a Bill y a Zerelda. ¿No es una pena habérmelo perdido todo?

Todas se alegraron de volver a ver a Sally. Es decir, todas excepto Alicia, que se había acostumbrado a tener a Darrell por compañera y amiga. Ahora tendría que compartirla con Sally, o tal vez ni siquiera eso. Quizá Darrell ya no se preocuparía por ella al tener de nuevo a Sally.

Así que Alicia saludó a Sally con bastante frialdad e hizo alarde de su amistad con Darrell, con la esperanza de que ésta quisiera seguir teniéndola como amiga. Pero Darrell se olvidó de Alicia durante algunos días, tan contenta estaba por la vuelta de Sally.

¡Había tantas noticias que intercambiar, tanto que discutir! Sally se maravillaba de Zerelda y sus modales. Oyó contar dos o tres veces cómo la habían sacado de cuarto curso para pasarla a tercero. También Bill la asombraba con su habilidad para la gimnasia y para montar a caballo. Pensó que Mavis y su voz eran más difíciles de soportar que nunca. Le divertía ver cómo Gwendoline seguía a Zerelda a todas partes, sin que ella le hiciese caso.

—¡Oh, Darrell, tú no sabes qué feliz soy de estar otra vez aquí! —exclamó Sally—. No dejaba de pensar en ustedes estudiando en clase, bromeando con Mademoiselle Dupont, recibiendo regaños de Mademoiselle Rougier, jugando al *lacrosse*, divirtiéndose en el gimnasio y asando castañas en el fuego de la sala común. ¡Sentía una terrible nostalgia del colegio!

—Bueno, ahora, por fin, ya estás de vuelta —la animó Darrell—. Yo iba con Alicia, mientras tú estabas fuera, Sally. Betty está en cuarentena por la tosferina y todavía no ha vuelto, así que ella estaba sola como yo.

A Sally no le hizo mucha gracia la idea de que Darrell fuese amiga de Alicia y sintió que los celos la invadían. Los celos eran una de las debilidades de Sally. Había logrado dominarlos durante algún tiempo, pero volvieron a surgir en su corazón al ver lo solícita que Alicia se mostraba con Darrell. No le gustó nada.

De manera que Sally se mostró fría con Alicia, y Alicia se mostró a su vez fría con Sally, cosa que a Darrell la sorprendió desagradablemente. Ella había esperado que, al llegar Sally, las tres fueran amigas hasta que Betty volviera. A Darrell no le parecía justo descartar a Alicia por completo, ahora que Sally había vuelto.

Darrell le contó a su amiga la proyectada broma de Alicia. ¡Pero a Sally no le pareció bien!

—Es una tontería gastar semejante broma a la señorita Peters —dijo—. En primer lugar, adivinará que se trata de una broma y nos impondrá un castigo terrible y, por otro lado, no me gustan mucho esos trucos que hacen estornudar a la gente. Creo que son un poco peligrosos.

—¡Oh, Sally! —exclamó Darrell realmente desilusionada—. Yo creí que iba a emocionarte. ¡No seas tan seria y solemne! ¡Creo que no te gusta porque es de Alicia!

Sally se sintió herida.

—Está bien, si te gusta pensar esas cosas de mí, puedes hacerlo —replicó—. Supongo que crees que tengo celos de Alicia. Bueno, pues no. ¡Ya veo por qué te gusta su amistad! ¡Porque es divertida, ingeniosa, alegre, todo lo que yo no soy!

Ahora le tocó a Darrell molestarse.

—Eres tonta, Sally —le dijo—. ¡Sí, lo eres! Sabes que eres mi amiga y que sólo intimé con ella porque tú y Betty no estaban. No estropees las cosas, Sally.

—Está bien. Trataré de no hacerlo —replicó Sally con un esfuerzo.

A Darrell le supo mal que Sally se enfadara. ¿Por qué no podían formar un trío hasta que Betty regresara?

Iba dándole vueltas al asunto, mientras se dirigía al campo de *lacrosse* para entrenarse. Ya en el campo pensó: «No quiero preocuparme más por esa tontería», y concentró toda su atención en el juego, parando la pelota con maestría y pasándola a una de sus compañeras.

Molly Ronaldson estaba realmente muy satisfecha con ella. No era sólo por su rapidez y destreza, sino por su interés. No se había perdido ni un entrenamiento, aunque hiciera el tiempo más frío y soplaran los peores vientos.

Era una buena deportista, y Molly Ronaldson no tenía mejor elogio para nadie que ése.

—Darrell Rivers, puedes considerarte tercera reserva del tercer equipo —le dijo cuando salían del campo—. Esta tarde pondré el aviso en el tablón de anuncios. Siempre hay una posibilidad de que juegues en algún partido, de manera que continúa entrenándote. Este trimestre hay muchas enfermas y la gente cae por docenas.

—¡Oh, Molly, gracias! —respondió Darrell con dificultad para expresarse por lo emocionada que estaba—. No te decepcionaré, ni me perderé ni un solo entrenamiento. ¡Aunque nieve! ¡Has sido muy buena conmigo!

—No lo creas —replicó Molly—. Pienso en el equipo. Tú eres bastante buena, por eso entras en él, como reserva, primero, pero con alguna posibilidad de jugar algún partido más adelante.

Darrell corrió hacia el colegio, caminando sobre el aire. Fue una suerte que esta vez no tropezase con mademoiselle Dupont al doblar la esquina. Todo lo que hizo fue abalanzarse sobre un grupo de alumnas de cuarto, que se separaron alarmadas al ver su ímpetu.

—¡Darrell Rivers! ¿Estás loca? —le dijo un tanto extrañada, Lucy.

—¡No! ¡Bueno, tal vez lo esté un poco! —replicó Darrell—. ¡Soy tercera reserva del tercer equipo! Molly acaba de decírmelo.

—Eso está muy bien —dijo Ellen—. ¡Felicidades! ¡Afortunada tú! Yo nunca formaré parte de ningún equipo, y soy de cuarto.

Todas parecieron alegrarse y felicitaron a Darrell dándole palmaditas en la espalda. Corrió a la sala común de tercero para dar la noticia. La mayor parte de las niñas estaba allí, leyendo, jugando o cosiendo. Al entrar Darrell a la carrera, alzaron las cabezas.

—¡Aquí viene el huracán! —exclamó Alicia con una sonrisa—. ¡Cierra la puerta, por el amor de Dios, Darrell! Entra un aire helado que me congela las piernas.

Darrel cerró la puerta.

—¡Niñas, soy tercera reserva! —anunció—. Molly va a ponerlo esta noche en el tablón de anuncios.

Alicia, que estaba algo molesta por los éxitos de Darrell en *lacrosse*, se hizo el propósito de demostrar que esta vez se alegraba. ¡No era conveniente que ella se mostrase amargada y Sally dulce! De manera que se puso en pie de un salto, dio una palmadita a Darrell en la espalda y la felicitó como si nunca antes alguien hubiera sido reserva.

Apenas dejó que Sally se acercase a Darrell. Jean también se alegró, e Irene y Belinda se acercaron maravilladas. Incluso Mary-Lou puso su granito de arena, aunque en su interior se admiraba de que alguien pudiera alegrarse de una cosa tan peculiar. En conjunto, fue un triunfo para Darrell, que disfrutó de la admiración con deleite.

Sally se enfadó al ver lo satisfecha que estaba Alicia y porque Darrell aceptaba su entusiasmo.

«¡Oh, pobre de mí! —pensó—. ¡Me estoy volviendo odiosa! ¡Ni siquiera soy capaz de decirle a Darrell todas las cosas agradables que quisiera, sólo porque Alicia se le acercó primero!»

A Darrell le sorprendió bastante que Sally no pareciera alegrarse tanto como ella había esperado.

—¿No te alegras, Sally? —le preguntó preocupada—. Es un honor para el tercer curso, ¿sabes? ¡Dime que te alegras!

—¡Claro que me alegro! —exclamó Sally—. Es estupendo. Lo has hecho muy bien, Darrell.

Pero sus palabras no sonaban muy sinceras y Darrell se sintió algo decepcionada. ¡No importaba! Alicia estaba entusiasmada, al igual que las otras. Tal vez Sally se sintiera un poco ajena a todo aquello por haber vuelto tan tarde aquel trimestre.

La siguiente emoción fue una noticia aparecida en los avisos junto al nombramiento de Darrell, que decía que la señorita Hibbert, la profesora de inglés, iba a empezar los ensayos de *Romeo y Julieta*. Todas las de tercero debían ir a la sala de ensayos para hacer las audiciones, una a una, para repartir los papeles.

—¡Maldición! —exclamó Gwendoline a quien no le gustaba la señorita Hibbert, que siempre la reprendía porque sus representaciones eran afectadas y tontas—. Yo esperaba que se hubiese olvidado de la obra. Es perder el tiempo.

—Oh, no, no lo es —intervino Zerelda, a quien la noticia había animado mucho—. ¡Actuar es maravilloso! Eso sí que lo hago bien. Representé a Lady Macbeth en...

—Sí, lo sabemos —le interrumpió Daphne—. Nos lo has contado muchas veces.

—Supongo, Daphne, que ya te ves en uno de los papeles principales —la interrumpió Alicia—. ¡Qué desilusión te vas a llevar! ¡Si Zerelda es tan buena como dice, hará de Julieta, siempre que consiga librarse de su acento americano!

Zerelda pareció alarmarse.

—¿Tú crees que mi modo de hablar puede impedir que me den un papel importante? —preguntó.

—Bueno, no me imagino a la Julieta de Shakespeare hablando con marcado acento americano —contestó Alicia—. ¡No obstante, si representas el papel lo bastante bien, no veo por qué no puedes conseguirlo!

Zerelda había estado un tanto apagada últimamente, pero ahora volvió a la vida con la esperanza de conseguir un papel en *Romeo y Julieta*. Prestó gran atención a su apariencia y pasaba todo el tiempo ante el espejo. ¡También intentó librarse de su acento americano!

Esto divertía mucho a la clase. Zerelda no había hecho el menor esfuerzo por hablar bien hasta entonces, riéndose del acento inglés, que ella encontraba muy tonto. Ahora iba pidiendo a todo el mundo que le dijera cómo se pronunciaban las palabras.

—Bueno, trata de decir maravilloso en vez de «marravilloso» para empezar —le dijo Darrell— y bienvenido en vez de «vienvenido». ¿O es que no notas la diferencia?

Zerelda procuró, con paciencia, dominar el modo de hablar de los ingleses, ante el asombro de la señorita Peters. Estaba muy satisfecha de los esfuerzos que Zerelda hacía por seguir el trabajo del tercer curso, pero continuaba preocupada por la constante atención que dedicaba a su cabello y a su aspecto físico. No le gustaban los aires de persona mayor de Zerelda, ni su costumbre de mirar a las otras por encima del hombro, sólo porque eran colegialas.

«¡Ahora les enseñaré a todas! —pensó Zerelda, estudiando el papel de Julieta con gran atención—. ¡Ahora comprenderán lo que quiero decir cuando les digo que voy a ser la más rutilante de las estrellas del séptimo arte!»

CAPÍTULO XIII

EL DESAFORTUNADO ENSAYO DE ZERELDA

La señorita Hibbert se tomaba muchas molestias para representar obras teatrales en el colegio. Dedicaba su tiempo a cada curso por turno y la verdad es que conseguía excelentes resultados. Este trimestre le tocaba al tercer curso. Debían celebrar la representación al finalizar el trimestre. Se alegraron de no tener ninguna obra francesa. Las dos Mademoiselles intervenían en ellas y, como sus ideas sobre cómo representarlas eran muy distintas, resultaba muy pesado para los actores.

—¿La señorita Hibbert escoge los personajes el primer día? —preguntó Zerelda.

—Oh, no, nos prueba a todas en cada papel varias veces —dijo Darrell—. Lo hace por dos razones, dice que así encuentra la persona adecuada para cada papel y todas conocemos todos los papeles de la obra y trabajamos mejor como equipo.

—Vaya, eso es «marravilloso», quiero decir, maravilloso —corrigió Zerelda—. Yo he estado estudiando el papel de Julieta. Es precioso. ¿Te gustaría oír algunos fragmentos?

—Lo siento, pero es que ahora mismo debo ir al entrenamiento de *lacrosse* —exclamó Darrell—. Mira, pídeselo a Alicia. No tiene nada que hacer.

Pero Alicia no estaba dispuesta a admirar la Julieta de Zerelda y se apresuró a ponerse en pie.

—¡Lo lamento! Tengo que ir a una reunión, Zerelda. ¡Pero estoy segura de que estarás «marravillosa»!

—Yo te escucharé, Zerelda —se ofreció Gwendoline contenta de tener una oportunidad de complacer a la niña norteamericana—. Entremos en una de las salas de música donde no te molestará nadie. Será estupendo verte actuar. Estoy segura de que debes de ser muy buena. Tan buena como... ¿cuál es esa estrella de cine que admiras tanto? ¡Ah, sí, Lossie Laxton!

—Bueno, tal vez todavía no esté a su altura —dijo Zerelda ahuecándose el cabello como lo hacía Lossie en sus películas—. De acuerdo, Gwen, iremos a la sala de música.

Pero todas estaban ocupadas y, a través de las puertas, se oían los acordes y arpegios musicales, a excepción de una, situada al final del pasillo. Franquearon la puerta y vieron que Irene estaba allí, inclinada sobre un papel pautado.

—Escucha, Irene —le dijo Gwen—, ¿no podrías...?

—Márchense —ordenó Irene con fiereza—. Estoy ocupada. ¿No lo ven?

—Bueno, no necesitas el piano, ¿verdad? —le dijo Zerelda—. ¿No podrías hacer ese trabajo en cualquier otro sitio?

—No, no puedo. Tengo que ir tocando lo que compongo —replicó Irene—. Márchense. ¡Vaya una manera de interrumpirme!

Zerelda estaba sorprendida. Nunca había visto a Irene tan enfadada. Pero Gwendoline, sí. Sabía que Irene no podía soportar que la molestaran cuando estaba concentrada en su música, tanto si la estaba componiendo, como si la interpretaba al piano.

—Vamos —le dijo a Zerelda—. Salgamos.

—Sí. ¡Márchense! —dijo Irene con expresión desesperada—. Me han interrumpido cuando me estaba saliendo de primera. ¡Maldita sea!

—Bueno, Irene, yo creí que podrías cedernos esta habitación, si sólo jugabas con el lápiz y el papel —comenzó a decir Zerelda—. Yo quería recitar un fragmento de Julieta y...

Entonces, Irene se puso furiosa. Lanzó sus papeles, su lápiz y su carpeta contra la asustada Zerelda.

—¡Estás loca! —gritó—. ¡Que deje mi hora de música por tu estúpida actuación! Oh, sí, yo sé que vas a ser una gran estrella de cine, que te pasearás con trajes maravillosos, pensando en cosas de tercera categoría, si es que alguna vez piensas en algo; pero, ¿qué es todo eso comparado con la música? Te aseguro que...

Pero Zerelda y Gwendoline no quisieron oír más. Vieron que Irene era capaz de arrojarles algo más, y encima de la chimenea había un jarrón con flores. Gwen pensó que lo más sensato era salir cuanto antes de la habitación.

—¡Vaya! —exclamó Zerelda—. ¡Esto es el colmo! ¡Irene está loca!

—No siempre —aclaró Gwen—, sólo cuando se siente inspirada y la música acude a su mente y quiere escribirla. Supongo que tiene verdadero temperamento artístico.

—Bueno, yo también lo tengo —replicó Zerelda al instante—. Pero yo no me enfado así. Nunca me lo hubiera imaginado de ella.

—No puede evitarlo —explicó Gwendoline—. Es sólo cuando la interrumpen. Mira, ahí está Lucy saliendo de una de las salas de música. ¡Podemos entrar nosotras si nos damos prisa!

Penetraron en la habitación que Lucy acababa de abandonar. Gwendoline se sentó, dispuesta a escuchar durante horas por complacer a Zerelda y demostrarle su verdadera amistad. Zerelda, adoptando una actitud melancólica, comenzó:

—¿Quieres marcharte ya?
Aún no ha despuntado el día;
era el ruiseñor y no la alondra
lo que hirió el fondo temeroso de tu oído;
todas las noches trina en aquel granado;
¡créeme, amor, era el ruiseñor!

Gwendoline escuchaba con admirada expresión en su rostro. No tenía la menor idea de si Zerelda era buena o no, pero a ella le daba lo mismo.

—¡Maravillosa! —exclamó cuando Zerelda se detuvo para tomar aliento—. ¿Cómo has aprendido tanto? Actúas muy bien. Y la verdad es que el papel te sienta de maravilla con tus cabellos, Zerelda.

—¿De veras? —dijo Zerelda complacida. Siempre disfrutaba actuando—. Verás lo que voy a hacer. Me soltaré el cabello y me envolveré en ese tapete. Oh, no es bastante grande. ¡La cortina me servirá!

Y ante el regocijo de Gwendoline, Zerelda cogió la cortina azul y se la colocó encima de su uniforme castaño. Destrenzó sus brillantes cabellos, soltándolos encima de los hombros. Decidió echar también la cortina por encima de sus hombros. ¡Ah! Ahora se parecía más a Julieta. Entrelazando las manos con aire patético, comenzó otro parlamento. Sonaba un tanto extraño, porque Zerelda trataba por todos los medios de pronunciar bien el inglés pero continuaba con su acostumbrado acento, de manera que el efecto era bastante divertido.

Gwendoline sentía ganas de reír, pero sabía lo mucho que Zerelda se ofendería. La niña americana iba de un lado a otro, declamando dramáticamente y arrastrando la cortina azul, mientras sus cabellos le tapaban un ojo.

Alguien se asomó. Era Bassie, una de segundo. Había acudido allí para estudiar, pero al ver a las dos de tercero, salió corriendo. Luego llegó una de cuarto curso. No se asustó al ver a las de tercero, pero sí le asombró mucho ver a Zerelda con aquel extraño atuendo.

—Tengo que estudiar —dijo mientras entraba—. Lárguense.

Zerelda se interrumpió indignada.

—¡Lárgate tú! —le dijo—. ¡Vaya frescura! ¿No ves que estoy ensayando?

—No, no lo veo —replicó la de cuarto—. Y espera a que alguna profesora te vea con esa cortina, Zerelda Brass. Lárguense las dos. Yo voy muy retrasada.

Zerelda decidió mostrarse temperamental como Irene. Cogió su libro de obras de Shakespeare y lo arrojó contra la de cuarto. Por desgracia, en aquel momento pasaba la inspectora, que solía asomar la cabeza por todas las salas de música para ver si las chicas estudiaban. Quedó asombrada al ver a alguien envuelto en una cortina y un tapete, con los cabellos sobre el rostro y lanzando un libro contra una niña sentada al piano.

Abrió la puerta y todas dieron un respingo.

—¿Qué es todo esto? ¿Qué estás haciendo? ¡Ah!, eres tú, Zerelda. ¿Por qué te has envuelto en esa cortina? ¿Estás loca? ¿Y qué le ha ocurrido a tu cabello? Estás más horrible que de costumbre. Janet, continúa estudiando. Gwendoline, no deberías estar aquí cuando estudia una de cuarto. Y en cuanto a ti, Zerelda, si vuelvo a verte perder los estribos como ahora, tendré que decírselo a la señorita Grayling. ¡Arrojar libros contra las niñas! ¡Y una alumna de tercero! ¡Si sigues con ese comportamiento, vas a tener que ir con las de primero!

Las niñas no pudieron decir nada porque la inspectora habló a toda velocidad. Hizo sentar de nuevo a Janet en el taburete con energía, sacó a Gwendoline como si fuese una gallina y cogió a Zerelda por un hombro con firmeza:

—Vendrás conmigo para comprobar si has roto el tapete o la cortina —le ordenó—. Si es así, te sentarás en mi habitación para coserlo. Y ahora que recuerdo, si no zurces mejor tus medias, en lo sucesivo tendrás que venir todos los días a recibir clases de zurcido, hasta que aprendas.

Furiosa y contrariada, la pobre Zerelda tuvo que seguir al ama por el pasillo mientras luchaba por quitarse la cortina y el tapete de encima, y deseaba sujetarse el pelo.

Pero la inspectora no le daba tiempo de arreglarse. Aquella niña americana engreída y afectada la había molestado muchas veces, ¡y ahora, la inspectora iba a tomar represalias! ¡Que todo el mundo viera a Zerelda en aquel estado ridículo!

Por desgracia para Zerelda, encontraron a un gran grupo de alumnas de segundo, que miraron a Zerelda con asombro y regocijo.

—¿Qué ha hecho? ¿Por qué se la lleva la inspectora? ¡Qué aspecto más horrible tiene, la pobre!

Zerelda tuvo que oír estos comentarios de las niñas de doce años. Enrojeció miserablemente buscando a Gwen con la mirada. Pero Gwen se había marchado. Conocía el carácter de la inpectora y no pensaba quedarse cerca.

Encontraron a Mademoiselle al pie de la escalera. La profesora exclamó sorprendida.

—*Tiens!* ¿Qué es esto, Zerelda? ¡Tus cabellos!

—Sí, yo me encargo de ella, Mademoiselle —respondió la inspectora con firmeza. Ambas mujeres, por lo general, siempre estaban en guerra, por lo que la inspectora no se detuvo a hablar, sino que arrastró a Zerelda hacia su habitación, dejando a la francesa muda de asombro.

Por suerte para Zerelda, la inspectora no pudo encontrar el menor desperfecto en la cortina ni en el tapete, lo cual la desilusionó. Ella misma peinó a Zerelda, que estaba tan sobrecogida por su rapidez y facilidad de palabra que se sometió sin la menor resistencia.

La inspectora peinó los cabellos de Zerelda en dos trenzas. La muchacha no había llevado trenzas en su vida y permaneció allí sentada, horrorizada. ¡Aquel colegio horrible! ¿Qué le ocurriría a continuación?

—Ya está —dijo la inspectora satisfecha al fin, sujetando los extremos de las trenzas con goma azul. Se echó hacia atrás—. Ahora pareces una verdadera colegiala,

Zerelda, y muy sensata y bonita también. No comprendo por qué quieres dar la impresión de que tienes veinte años.

Zerelda se puso en pie con desánimo, mirándose al espejo. ¡Qué espanto! ¿Era posible que aquella fuese ella? Vaya, si parecía cualquier otra, igual que todas las chicas inglesas. Salió de la habitación de la inspectora y corrió a su dormitorio para volver a peinarse.

Encontró a la señorita Peters, que la miró como si no la conociera. Zerelda, tras dirigirle una tímida sonrisa, trató de continuar su camino sin detenerse.

—¡Vaya, Zerelda! —oyó decir a la señorita Peters como si no diera crédito a sus ojos.

Zerelda echó a correr por el pasillo, rezando para no encontrarse con nadie más.

Gwendoline estaba en el dormitorio y también miró a la americana como si viera un fantasma.

—¿La inspectoraa te peinó así? —preguntó—. Oh, Zerelda, ahora pareces una colegiala de verdad, ya no eres tú.

CAPÍTULO XIV

¡BILL ES DESCUBIERTA!

A Alicia no la dejaron que se olvidara del truco de los estornudos. Toda la clase le pidió que lo hiciera, excepto Sally. Ésta seguía diciendo que era una broma peligrosa, pero Alicia se rió de ella.

—Lo dices porque el truco es mío —dijo consciente de que Sally estaba celosa de su amistad con Darrell—. Si fuese de Irene o de Jean, estarías entusiasmada.

Jean luchaba contra su deseo de ver el resultado de las pastillas, pero al mismo tiempo su conciencia como delegada de clase le hacía comprender que no debía mostrar demasiado entusiasmo. ¡No obstante, las delegadas no debían ser demasiado estrictas ni escrupulosas y Jean acabó por reconocer que deseaba ser testigo de aquella broma!

—La próxima semana tendremos examen de matemáticas —dijo Alicia—. ¡Ha llegado el momento de hacerlo! Apuesto a que nos libramos del examen. ¡Aaachís!

Todas rieron. Darrell se abrazó a sí misma. ¡Oh, qué divertido era el colegio! Ella disfrutaba cada minuto. Le gustaba estudiar y los deportes, le encantaba la compañía de las niñas y ser tercera reserva. ¡Oh, todo era maravilloso! Aquél era el mejor grado de todos.

Entonces reparó en Bill, cuyo aspecto expresaba todo menos felicidad. ¡Pobre Bill! Estaba preocupada porque Trueno no estaba bien del todo. Nadie parecía darse cuenta, pero Bill lo sabía. No es que Trueno añorase su casa como pensó al principio. Es que estaba enfermo. Y ella se preocupaba y, cuanto más se preocupaba, menos atención prestaba al estudio y más hacía enfadar a la señorita Peters.

«¡Wilhelmina! ¿Quieres prestar atención? ¡Wilhelmina! ¿Quieres repetir lo que acabo de decir? ¡Wilhelmina, no permanecerás en mi clase si continúas mirando por la ventana y soñando!»

Wilhelmina era la palabra que más veces pronunciaba la profesora durante las horas de clase.

Era terrible. Bill se sentía verdaderamente desgraciada, pero hablaba muy poco, a menos que alguien le preguntase por Trueno. Sabía que Jean desaprobaba su continua desobediencia. ¡Pero, sencillamente, no podía evitarlo! Tenía que ver a Trueno cada día, sobre todo ahora.

La señorita Peters comenzó a preocuparse por Bill. Si la niña quería tanto a su caballo, ¿Por qué continuamente se ganaba castigos que le privaban de verlo?

Una sospecha tomó forma en la mente de la señorita Peters. ¿Acaso Bill la desobedecía? ¡Seguro que no! La señorita Peters no había tenido que vérselas, normalmente, con niñas desobedientes. Rara vez se atrevían a desobedecer sus menores deseos. Su clase era la más disciplinada.

Habló de esto con la señorita Potts, la encargada de la Torre Norte.

—Estoy intrigada con Wilhelmina, señorita Potts. No consigo entenderla. Es una soñadora terrible y, sin embargo, da la sensación de ser tan sensata y cariñosa. Además, parece querer tanto a su caballo que, aunque sabe que la castigaré prohibiéndole verlo, continúa haciendo tonterías y recibiendo castigos. Ahora hace ya una semana que no puede verlo.

La señorita Potts pareció extrañarse y frunció el entrecejo, tratando de recordar algo con claridad.

—Bueno, es curioso, podría jurar que ayer vi a Wilhelmina en los establos. Al pasar miré por la ventana. Estoy casi segura de que era Wilhelmina la que estaba de pie junto a un gran caballo negro.

—Sí, debía de ser Trueno —dijo la señorita Peters, muy seria—. ¡La falsa y desobediente Wilhelmina! Si la pesco en flagrante desobediencia insistiré para que envíen el caballo a su casa. Ella puede montar cualquier caballo del colegio. No consentiré que se pase todas las mañanas pensando en ese animal, por bonito que sea, y que me desobedezca de ese modo.

La señorita Peters estaba realmente enfadada. No podía soportar la desobediencia. Volvió a sus habitaciones sintiéndose sorprendida y desilusionada. No había imaginado que Wilhelmina fuese tan falsa y poco digna de confianza.

A medida que transcurría la jornada, la señorita Peters se sentía más y más indignada. Casualmente aquel día tuvo muy pocas clases con el tercer curso, ya que la señorita Carton, la profesora de historia; Mademoiselle y la señorita Linnie, la profesora de arte; y el señor Young, el profesor de música, dieron cada uno su clase al tercer curso. No tuvo oportunidad de observar a Bill para saber si era o no culpable.

Al mediodía, después de la comida, tenían media hora libre antes de que comenzaran las clases de la tarde. Ése era el momento que aprovechaba Bill para correr al establo. Por lo general bajaba por la escalera de atrás, que daba a la puerta lateral y llegaba a los establos por un camino oculto bajo los árboles, de manera que nadie la veía.

Fue a los establos como siempre para ver a Trueno, que relinchó suavemente cuando oyó sus pasos. Bill abrió la gran puerta y entró. Allí no había nadie más. Sólo los caballos, que pateaban y resoplaban satisfechos de la mutua compañía.

Se acercó a Trueno, que puso su cabeza en el arco de su brazo y relinchó feliz. Bill acarició su cuello aterciopelado.

—Trueno, ¿te encuentras mejor? Deja que vea tus ojos. Oh, Trueno, no están tan brillantes como debieran y no me gusta el tacto de tu piel. Tendría que estar mucho más sedosa. Está áspera. Trueno, ¿qué te ocurre? No te pongas enfermo, Trueno, no podría soportarlo.

Trueno resopló un poco y luego relinchó feliz. Era cierto que no se encontraba bien, pero eso no importaba si Bill estaba con él. Podía sentirse enfermo y, al mismo tiempo, feliz en compañía de su ama.

Arriba, en la Torre Norte, la señorita Peters caminaba por el pasillo. Su intención era ir en busca de Bill y tener una conversación con ella. Fue hasta la puerta de la sala común de tercero y miró al interior. ¡Wilhelmina no estaba allí!

—Busco a Wilhelmina —solicitó la señorita Peters—. ¿Dónde está?

Todas lo sabían, naturalmente, pero nadie quería decirlo. Darrell se preguntó si le sería posible salir para prevenir a Bill para que regresara rápidamente.

—¿Quiere que vaya a ver si la encuentro? —preguntó.

—No. Yo la buscaré —contestó la señorita Peters—. ¿Sabe alguna de ustedes dónde está?

Nadie respondió. Todas la miraron de una manera muy extraña y la señorita Peters se puso furiosa. Sabía muy bien que todas conocían el secreto. Bueno, no iba a esperar que la delatasen si creían que Wilhelmina estaba donde no debía: en los establos.

—Supongo que debe de estar en los establos —dijo la señorita Peters muy seria, mirando a Jean—. Tú, como delegada de clase, deberías decirle que no fuese tan tonta y desobediente. Ya sabes que yo confío en el honor de todas las chicas para cumplir los castigos que impongo.

Jean enrojeció, sintiéndose incómoda. Era muy fácil para la señorita Peters hablar así. Nadie podía influir en Bill cuando se trataba de Trueno.

—Quédense aquí todas —ordenó la señorita Peters, segura de que una u otra, de tener oportunidad, correría a los establos para avisar a Bill. La intención de la señorita Peters era sorprender a Bill y acabar con aquellas desobediencias de una vez para siempre.

—¡Oh, pobre Bill! —gimió Darrell cuando la señorita Peters se hubo marchado—. ¡Ahora sí que va a llevarse una buena bronca! Escuchen, apuesto a que la señorita Peters ha bajado por la escalera principal. Si yo bajo corriendo por la de atrás, puede que llegue primero a los establos para avisar a Bill. ¡Lo intentaré!

No esperó respuesta. Salió tan disparada de la habitación, que casi tiró al suelo a la inspectora en el pasillo. Una vez en la escalera bajó los peldaños de dos en dos y salió por la puerta posterior para correr entre los árboles. Se abalanzó contra la puerta del establo y se escurrió dentro.

—¡Bill! ¡Cuidado! ¡La señorita Peters viene hacia aquí! —le siseó. Vio la cara de espanto de Bill junto a la negra cabeza de Trueno.

Luego oyó pasos y lanzó un gemido.

—Es demasiado tarde, te pescará. ¿No puedes esconderte?

Darrell se ocultó bajo un montón de paja que había allí mientras el corazón le latía alocadamente. Bill permaneció inmóvil, como si fuese de piedra, con su rostro pecoso, pálido de miedo. La puerta se abrió de par en par, dando paso a la señorita Peters.

—¡Oh! ¡De manera que estás aquí, Wilhelmina! —exclamó enfadada—. Supongo que debes de haberme estado desobedeciendo sistemáticamente toda la semana. Estoy realmente avergonzada. Nunca te adaptarás al colegio teniendo aquí a Trueno. Tendrá que ser enviado a tu casa.

—¡No! ¡Oh, no, señorita Peters! ¡No, no haga eso! —suplicó Bill, mientras incluso sus pecas palidecían de angustia—. Es sólo que Trueno está enfermo. De veras. Si estuviese bien la hubiese obedecido. Pero él me necesita cuando está enfermo.

—No pienso discutir este asunto —respondió la señorita Peters con frialdad—. Ya has oído lo que he dicho. No estoy dispuesta a cambiar de opinión ante semejante demostración de desobediencia. Por favor, regresa a la sala común, Wilhelmina. Te avisaré cuando todo esté preparado para enviar a Trueno a tu casa; podrás despedirte de él hasta las vacaciones. Probablemente será pasado mañana.

Bill se quedó petrificada. Le resultaba imposible mover las piernas. Darrell no podía verla, pero se la imaginaba perfectamente. ¡Pobre, pobrecita Bill!

—Vete, Wilhelmina —le dijo la señorita Peters—, inmediatamente, haz el favor.

Bill se fue arrastrando los pies. Darrell oyó un sollozo ahogado. ¡Oh, qué lástima tener que permanecer allí escondida sin poder consolar a Bill! No importaba, la señorita Peters se marcharía pronto y entonces correría a la sala común para animar a Bill.

Pero la señorita Peters no salió. Aguardó a que Bill se hubiese marchado y entonces fue al lado de Trueno hablándole con tanta dulzura, que Darrell apenas pudo creer que se tratase de la señorita Peters.

—Bueno, caballito —dijo la profesora, y Darrell oyó el ruido de su mano acariciando su piel—. ¿Qué te ocurre? ¿No te encuentras bien? Habrá que avisar al veterinario. ¿Qué te pasa, Trueno? Eres un caballo muy bonito. El mejor de los caballos. ¿Qué te pasa, caballito?

Darrell apenas podía dar crédito a sus oídos. Se removió un poco entre la paja para abrir un agujero por donde mirar. Sí, allí estaba la señorita Peters, junto a Trueno, que resoplaba y relinchaba de contento. ¡Vaya, la señorita Peters debía de quererlo mucho! Claro que le gustaban los caballos y Darrell lo sabía. Pero esto era distinto. Parecía querer a Trueno como si fuese suyo.

La señorita Peters le dio un terrón de azúcar y luego se marchó del establo cerrando la puerta.

Darrell salió de entre la paja y se sacudió. Luego fue hasta la puerta para escuchar. La señorita Peters se había ido. ¡Bien!

Abrió la puerta y salió. ¡La señorita Peters no se había ido! Estaba allí fuera atándose el cordón de un zapato. Alzó la cabeza y vio a Darrell que salía de los establos. Se levantó, roja de indignación.

—¿Qué estás haciendo aquí? —le preguntó—. ¿Estuviste aquí todo el tiempo que hablé con Wilhelmina? Cuando me marché estabas en la sala común. ¿Bajaste corriendo por la escalera de atrás para avisar a Wilhelmina?

Darrell no podía hablar y asintió con la cabeza.

—Ya me ocuparé de ti más tarde —dijo la señorita Peters sin atreverse a hablar en aquel momento—. ¡Me gustaría saber adónde va a ir a parar este año el tercer curso!

CAPÍTULO XV

MAVIS TIENE UNA IDEA

Bill no iba a consolarse con Darrell ni con nadie. No fue a la sala común como le ordenó la señorita Peters, sino a su dormitorio, para llorar a solas. Bill se vanagloriaba de no llorar nunca, pero esta vez sí lloró. Sus siete hermanos le habían enseñado a ser dura y fuerte como un muchacho y no solía derramar ni una lágrima. Pero ahora no pudo evitarlo.

Cuando aquella tarde apareció ante sus compañeras de tercero, éstas vieron sus ojos enrojecidos y se acercaron a consolarla. Pero ella las apartó. A Darrell la rechazó también, aunque le dirigió antes unas palabras de agradecimiento.

—Gracias por venir a avisarme. Has sido muy buena, Darrell.

—Bill, es una vergüenza... —comenzó a decir Darrell. Pero Bill le volvió la espalda.

—No quiero hablar de ello —le dijo—. Por favor, no insistas.

De manera que las de tercero la dejaron, mirándose unas a otras desanimados. No podían convencer a Bill si ella no quería. Aquella tarde, Darrell ocupó su puesto en clase con gran nerviosismo. Sabía que, más pronto o más tarde, tendría que acudir a la habitación de la señorita Peters y se preguntó qué le ocurriría. Oh, cielos, todo había ido tan estupendamente hasta entonces... Y ahora se había metido en un buen lío, cuando su única intención era ayudar a la pobre Bill.

Aquella tarde la señorita Peters estaba de un humor de perros. Y buscaba algo o a alguien para descargar su furor. Pero nadie, ni siquiera Mavis, Gwendoline o Zerelda hicieron nada para provocarla. La señorita Peters era terrible si estaba de mal talante. Su rostro estaba enrojecido y sus ojos relampagueaban cuando miraba a sus alumnas, y su corto pelo parecía pegarse a su cabeza más de lo acostumbrado.

Aquella noche, todas las de tercero se sentían deprimidas y Bill parecía una estatua de piedra sentada en un rincón. Fue Mavis quien de pronto las animó a todas.

—Escuchen —dijo en un susurro como si allí hubiese alguien que no debiera oír lo que iba a decir—. ¡Escuchen! ¡Miren esto!

Blandía un papel en el que se leían impresas estas palabras:

¡CONCURSO DE TALENTOS!

¿TIENE USTED UN DON? ¿SABE TOCAR BIEN EL PIANO?
¿SABE DIBUJAR? ¿SABE CANTAR?
ENTONCES ACUDA CON SU DESTREZA AL GRAN SALÓN
DE BILLINGTON, EL SÁBADO POR LA NOCHE,
Y DEJE QUE NOSOTROS DESCUBRAMOS SU TALENTO.
GRANDES PREMIOS... Y UNA OPORTUNIDAD
PARA HACERSE UN NOMBRE.

¡Concurso de talentos!

Las niñas lo leyeron.

—Bueno, ¿y qué? —dijo Alicia—. No pensarás en ir tú para que descubran tu talento, ¿verdad, Mavis?

—Sí, pero escuchen —prosiguió Mavis, todavía en un susurro apremiante—, ¿qué me dicen si Irene fuese con su música, Belinda con sus dibujos, Zerelda con sus actuaciones y yo con mi voz? ¡Piensen en los premios que podríamos ganar!

Todas miraron a Mavis con enojo.

—¡Mavis! ¿Acaso crees que nos dejarían ir? —exclamó Belinda—. Además, ¿quién va a querer ir a un concurso semejante? ¡Valiente concurso de talentos! ¡Sólo un ridículo espectáculo para divertir a la gente de Billington! Y probablemente los premios serán cuatro cuartos. No seas tonta.

—Pero, Belinda, Zerelda, es una oportunidad —exclamó Mavis, que ya se imaginaba en el escenario, llenando el salón con su potente voz, aplaudida a rabiar y tal vez viendo su nombre en los periódicos. Pobre y tonta Mavis. Su orgullo le impedía ver lo que era en realidad aquel concurso: sólo un espectáculo de pueblo para divertir a la gente.

—Mavis, te pasas de tonta —le dijo Alicia impaciente—. ¿De veras crees que la señorita Grayling permitiría a las niñas de Torres de Malory presentarse a un concurso como ése para ponerse en ridículo? Usa tu sentido común.

—No puede. No tiene ni un ápice de sentido común —exclamó Daphne.

Mavis le arrebató el papel que, en aquel momento, Darrell estaba leyendo con una sonrisa.

—Muy bien —exclamó indignada—. Si no quieren divertirse un poco, no necesitan hacerlo. Yo pienso ir por mi cuenta.

—No seas terca —intervino Jean—. Imagínate subida a una gran plataforma, como una colegiala, cantando ante un salón abarrotado. ¡Es ridículo!

Pero la imagen no resultaba ridícula para Mavis. La veía con toda claridad. Incluso podía oír los estruendosos aplausos mientras ella saludaba una y otra vez. ¡Sería un anticipo de lo que iba a ser su vida cuando fuese cantante de ópera!

Guardó el anuncio en su bolsillo, deseando no haberlo mostrado a nadie. Pero una idea se había fijado en su mente, una idea que la excitaba extraordinariamente y la intranquilizaba.

«¿Y si voy? Nadie me echará de menos si digo que voy a tomar una lección de canto extra. Pensarán que el señor Young va a darme la clase que suspendió la semana pasada.»

Era una idea excitante. Aquel día era jueves. Mavis decidió pensarlo hasta el viernes y decidir el sábado. «Sí, eso es lo que haría; entonces podría trazar sus planes con tiempo, si es que decidía ir.»

Lo estuvo pensando todo el viernes. Entretanto, Bill pensaba en Trueno. Ninguna de las dos se atrevía a estar demasiado distraída en clase, pero, por suerte, aquel día la señorita Peters no estuvo mucho con las de tercero, pues tuvo que sustituir a otra profesora que estaba enferma. Mademoiselle ocupó su lugar y estaba de muy buen humor, habladora y poco observadora. Así que Bill y Mavis pudieron soñar en paz.

Bill no se atrevía a volver a los establos. Esperaba contra toda esperanza que la señorita Peters cambiara de opinión y cediera. Tal vez consintiera que Trueno se quedara. De modo que no se acercó a los establos, con la esperanza de que la señorita Peters le dijera que quería darle otra oportunidad.

La señorita Peters, a pesar del tiempo transcurrido, todavía no había dicho nada a Darrell. La niña deseaba que hubiese pasado todo, que la riñera, que la castigara, pero que no la dejase tanto tiempo en vilo. Tal vez entrase en los planes de la señorita Peters mantener a Darrell en tensión durante algunos días.

Llegó el sábado. Mavis había tomado una decisión. ¡Se presentaría al concurso! Diría a la señorita Potts que tenía clase de canto. A menudo tomaba lecciones extras a horas inusuales, de manera que la señorita Potts no lo encontraría extraño. A las niñas pensaba decirles lo mismo. No llegaría a tiempo para acostarse a las nueve, pero confiaba en que sus compañeras no la delatasen. Entraría por la escalera trasera.

Mavis organizó sus planes. Consultó el horario de autobuses. Tenía intención de coger el de las seis; de este modo, a las siete estaría en Billington. El concurso empezaba media hora más tarde. Así podría husmear por el salón y enterarse de los requisitos para inscribirse.

Miró los autobuses de regreso. ¿Cuánto duraría el espectáculo? Unas dos horas, probablemente. Había un autobús a las nueve y media. ¡Cielos, era muy tarde!

Mavis comenzó a dudar respecto a su aventura. Era muy tarde para volver sola en la oscuridad y recorrer toda la avenida del colegio desde la parada del autobús. ¿Habría luna? ¡Eso esperaba!

Bill se acercó a Darrell el sábado por la mañana.

—¡Darrell! ¿Quieres hacer algo por mí? No pienso volver a los establos a menos que me lo permitan. Quizá la señorita Peters cambie de opinión y no me separe de Trueno. Así que te agradeceré, Darrell, que vayas tú a ver cómo está mi caballo.

—Sí, desde luego —afirmó Darrell—. Esta mañana no ha salido con los otros caballos. Me fijé en ellos, pero Trueno no estaba.

—No —dijo Bill—. Nadie lo monta sino yo. Vete ya, Darrell.

Y Darrell se fue. No le importaba nada ir. Gustosamente se hubiese dado de bofetadas por no habérsele ocurrido antes. Hubiese podido ir ayer también para complacer a Bill.

Entró en los establos. Todos los caballos de la escuela estaban allí.

Uno de los mozos, silbando entre dientes, cepillaba un caballo.

—Buenos días, señorita —la saludó.

—Buenos días —respondió Darrell—. ¿Dónde está Trueno? ¿Está bien?

—Está en aquel establo, señorita —le dijo el mozo levantándose—. No parece estar muy bien. En mi opinión tiene algún cólico o algo por el estilo.

«¿Cólico? Eso es dolor de estómago», pensó Darrell. Oh, bueno, no era gran cosa.

Se acercó a Trueno, que tenía la cabeza gacha y parecía desgraciado.

—No tiene muy buen aspecto, ¿verdad? —dijo Darrell, preocupada—. ¿Puede ser que eche de menos a su ama? No le permiten que venga a verlo.

—Bueno, es posible —respondió el mozo—, pero me figuro que es algo interno lo que le hace sentirse así. Si no se anima tendré que avisar al veterinario, aunque he oído que van a sacarlo.

Darrell no dijo más y corrió a la Torre Norte en busca de Bill, que la aguardaba ansiosa.

—Trueno no parece estar muy bien —explicó—, pero no tienes que preocuparte. El mozo dice que cree que tiene un cólico. Eso no es nada, ¿verdad?

Bill la miraba horrorizada.

—¡Cólico! ¡Vaya, si es una de las peores enfermedades que pueden tener los caballos! ¡Oh, Darrell, imagínate lo grande que es el estómago de un caballo y que le duela todo! ¡Es la agonía!

—Yo no lo sabía —dijo Darrell—. Pero seguramente no será tan serio, ¿verdad?

—Lo es, lo es —dijo Bill mientras las lágrimas acudían a sus ojos—. Oh, ¿qué voy a hacer? No me atrevo a ir a los establos porque si me descubren, estropearía la oportunidad de que no lo envíen a casa. La señorita Peters no ha vuelto a decirme nada. ¿Qué voy a hacer?

—No puedes hacer nada —exclamó Darrell—. De veras que no. Mañana estará bien. No te preocupes, Bill. Oh, maldita sea, está empezando a llover, ahora que quería ir a entrenarme.

Bill se volvió de espaldas. ¡Lluvia! ¿Qué importaba la lluvia? Se sentó en un rincón y se puso a pensar intensamente. ¡Cólico! Supongamos... supongamos que Trueno se pusiera muy enfermo a medianoche y nadie se diera cuenta. Los mozos no dormían muy cerca del establo. Nadie se enteraría. ¡Y por la mañana Trueno estaría muerto!

Mientras Bill se torturaba con estos horribles pensamientos, Mavis disfrutaba de otros más agradables. Había hecho sus planes. No le importaba que la descubrieran cuando todo hubiese pasado, entonces ya habría recibido el aplauso y Torres de Malory la alabaría y admiraría.

«¡Qué decidida ha sido para hacer una cosa así! —dirían—. ¡Lo que hubiera hecho una cantante de ópera! ¡Es todo fuego, temperamento y osadía! ¡La maravillosa Mavis!»

Aquella noche nadie tenía la menor sospecha de los planes de Mavis. La señorita Potts no dijo nada cuando ella le comunicó que iba a tener una clase de canto extra y que tendría que cenar antes para tener tiempo.

Las niñas tampoco hicieron caso. Estaban acostumbradas a que Mavis tuviera lecciones a cualquier hora.

«¡Es todo tan sencillo! —pensó Mavis, entusiasmada—. Podré coger el autobús con toda facilidad. ¡Nadie sospechará nada! ¿Qué dirán las niñas cuando regrese esta noche? ¡Bueno, entonces sabrán que tengo algo más que voz!»

Cogió el autobús sin problemas. Llovía, pero llevaba su impermeable. No se puso el sombrero para que nadie viera la cinta del colegio, de manera que llevaba la cabeza descubierta, pero como el autobús iba a detenerse precisamente delante del Gran Salón de Billington, no se mojaría el pelo.

El autobús se puso en marcha bruscamente. ¡Hacia la fama! ¡Hacia el aplauso! ¡Hacia el principio de una maravillosa carrera!

CAPÍTULO XVI

¿DÓNDE ESTÁ MAVIS?

La señorita Potts observó que Mavis no estaba en la mesa durante la cena. Iba a comentarlo, cuando recordó que Mavis le había dicho algo de una clase de canto extra. En ese caso debió de cenar temprano, como hacía cuando el señor Young venía tarde. De manera que la señorita Potts no dijo nada.

Las niñas tampoco notaron nada. Estaban acostumbradas a las continuas clases extraordinarias de canto. Apenas la echaron de menos. Como solían decir, Mavis no era más que una voz y un montón de presunción.

Bill estaba silenciosa y preocupada y apenas comió. La compasiva Darrell sintió pena por ella. Sabía que estaba preocupada por Trueno y que no se atrevía a ir a verlo.

—¿Quieres que vaya a visitarlo después de cenar? —le preguntó Darrell en un susurro.

Bill meneó la cabeza.

—No. No quiero que te busques complicaciones. Nadie está autorizado a ir a los establos cuando ya ha oscurecido.

Nadie citó a Mavis en la sala común después de cenar. Alicia puso la radio y Belinda comenzó a bailar una danza ridícula. Zerelda se levantó para acompañarla. Todas reían. Zerelda era muy graciosa cuando olvidaba sus aires de importancia.

Le gustaron los aplausos de las niñas.

—¿Quieren que les recite un fragmento de *Romeo y Julieta*? —preguntó con interés—. Estoy cansada de esperar ese ensayo con la señorita Hibbert.

—¡Sí, Zerelda! —exclamó Gwen al momento. Las otras no demostraron tanto entusiasmo, pero volvieron a sentarse, dispuestas a tener paciencia durante un rato.

Zerelda comenzó. Adoptó una postura romántica, elevó la voz y se puso a recitar el papel de Julieta, intentando hablar con acento inglés.

El resultado fue tan cómico que las niñas se desternillaron de risa. Creían sinceramente que Zerelda lo hacía a propósito para divertirlas.

Zerelda se detuvo mirándolas ofendida.

—¿De qué se ríen? Esta parte es muy triste y trágica.

Las niñas seguían convencidas de que Zerelda quería divertirlas y volvieron a reír.

—¡Continúa, Zerelda! ¡Es fantástico! —exclamó Darrell—. Nunca pensé que fueras tan cómica.

—No trato de parecerles cómica —aclaró Zerelda.

—Adelante —suplicó Irene—. Vamos, yo seré Romeo. Haremos la parodia completa.

—Yo no hago parodias —insistió Zerelda—. Yo estaba representando el papel seriamente, como pienso que debe hacerse.

Las niñas la miraron con sorpresa. ¿Lo decía en serio? ¿De verdad creía que su actuación era buena? De tan mala resultaba divertida.

No supieron qué decirle. No obstante, se imaginaban perfectamente lo que diría la señorita Hibbert. Tenía un modo personal de manejar a las personas engreídas que se creían capaces de actuar. Zerelda era un desastre. Movía las manos de un lado a otro, hacía muecas terribles que se suponía querían ser expresiones trágicas y, en conjunto, resultaba demasiado exagerada para describirla con palabras.

—¡No tiene la menor idea de lo que es recitar! —susurró Alicia a Darrell—. ¿Qué le decimos?

Por fortuna la puerta se abrió en aquel momento y una alumna de cuarto entró a buscar un disco. Zerelda, ofendida con todo el mundo, se sentó en una silla con un libro. ¡Odiaba al colegio entero! ¿Por qué habría ido allí? Nadie la apreciaba, y eso que ella valía más que todas juntas.

Cuando sonó el timbre de las nueve Mavis no había regresado. Jean lo notó enseguida.

—¿Dónde está Mavis? No la he visto en toda la noche.

—Dijo que tenía clase de canto —contestó Darrell—. ¡Vaya lección larga! Bueno, supongo que vendrá cuando el señor Young haya terminado con ella.

—Nunca ha venido tan tarde —prosiguió Jean preocupada—. Me pregunto si debo decírselo a la señorita Potts.

—No, no lo hagas. Puede que esté por cualquier parte y sólo conseguirás meterla en problemas —intervino Belinda—. Probablemente ya estará en el dormitorio.

Pero no estaba. Las niñas se desnudaron para acostarse. Jean no permitía que se hablase después de apagar la luz, así que reinó el silencio hasta que la propia Jean habló.

—¡Escuchen! ¿Creen que esa tonta de Mavis puede haber ido a ese concurso de talentos? ¿Se acuerdan? El que hacían en el Gran Salón de Billington.

Hubo un silencio y luego habló Alicia.

—¡No me sorprendería nada! Está loca con su voz. Y puede que pensara que era una maravillosa ocasión para lucirse en público. Ha sido siempre su obsesión.

—¡Vaya! —dijo Jean enojada—. Entonces tendré que dar parte. La verdad es que es el colmo.

—Ahora no podemos hacer mucho —dijo Darrell—. Puede que regrese de un momento a otro. He olvidado a qué hora comenzaba el concurso. Supongo que habrá cogido el autobús de las ocho y media y llegará aquí una hora después. Aproximadamente ahora deben de ser las nueve y media. No tardará. Mañana por la mañana tendrás que dar parte, Jean. ¡Qué idiota es si realmente ha ido!

—Lo que me temo —dijo Jean—, es que tal vez la hayan dejado subir al escenario a cantar, y ya saben que realmente tiene una voz tan maravillosa que puede haberles entusiasmado, eso es lo que le encanta a Mavis, los vítores y el aplauso. Si es así, estará peor que nunca y no le importará un bledo ni que la denuncien ni que la castiguen.

—Déjalo para mañana —respondió Darrell somnolienta—. Pronto volverá. Ríñela entonces, Jean, y denúnciala por la mañana.

La señorita Potts se sorprendió al oír voces en el dormitorio. Se acercó a la puerta, pero como en aquel momento oyó la clara voz de Jean que decía: «Ahora basta de charla, niñas», no abrió la puerta para reprenderlas. De haberlo hecho, tras encender la luz hubiera visto la cama de Mavis vacía. Pero en cambio se marchó enseguida.

Las niñas estaban cansadas. Jean trató de mantenerse despierta para reñir a Mavis, pero no pudo. Sus ojos se cerraron y se quedó profundamente dormida. Así que todas dormían, excepto Bill. Bill no había oído ni una palabra de Mavis. Estaba absorta en sus propios pensamientos, que eran muy desdichados. «¡Trueno! ¿Cómo estás? ¿Me echas de menos?» Bill hablaba con Trueno mentalmente y no oía nada más.

Darrell también se había dormido. Su intención era consolar un poco más a Bill, que dormía junto a ella, pero se durmió antes de poder decirle nada. Sólo Bill estaba despierta.

Mavis no llegaba. Dieron las diez y las once. Ni rastro de Mavis. Todas las niñas, menos Bill, dormían. Pero ella no pensaba en Mavis. Dieron las doce. Bill contó las campanadas.

«¡No puedo dormir! ¡No puedo! Permaneceré despierta hasta el amanecer. ¡Si por lo menos supiera cómo sigue Trueno! Si supiera que está bien, yo también lo estaría. Pero ¿y si de verdad tuviese un cólico?»

Estuvo pensando unos minutos. Recordó una ventana que daba a los establos. Si fuese hasta allí y la abriera, tal vez sabría si Trueno estaba bien. Un caballo con cólico hace ruido. Ella lo oiría.

Bill saltó de la cama y se puso la bata y las zapatillas. Se dirigió a la puerta tropezando con la cama de Darrell, que se despertó enseguida.

Pensó que era Mavis que regresaba. Se incorporó siseando:

—¡Mavis!

No hubo respuesta. La puerta se abrió y cerró sigilosamente. Alguien había salido, no entrado. ¿Quién era?

Darrell cogió su linterna para encenderla. Lo primero que vio fue la cama de Bill vacía. ¿Acaso estaba enferma? ¿O habría ido a los establos? ¡Seguro que no, con aquella noche tan lluviosa!

Fue hasta la puerta y la abrió. Le pareció ver algo a cierta distancia, en el pasillo. Corrió hacia allí.

Bill había ido a la ventana que daba a los establos.

La abrió y Darrell, al oírla, fue hacia allí. Bill se había asomado a la ventana para escuchar.

¡El corazón le dio un vuelco! De los establos llegaban gemidos y patadas. Allí había un caballo que sufría, eso seguro. Bill sabía que era Trueno. No cabía duda. ¡Tenía cólico! Estaba agonizando. ¡Moriría si alguien no lo ayudaba!

Se apartó de la ventana, sobresaltándose violentamente cuando Darrell le puso una mano en el hombro.

—¡Bill! ¿Qué estás haciendo? —le susurró.

—Oh, Darrell, estaba escuchando para ver si salía algún ruido de los establos, hay un caballo que sufre. Estoy segura de que es Trueno. ¡Tengo que ir con él! Oh, Darrell, ven conmigo, por favor. Puede que necesite ayuda. Por favor, acompáñame.

—Está bien —dijo Darrell al oír la voz temblorosa de

Bill—. Iré. Vamos a buscar unas chaquetas. Está lloviendo. No podemos salir en bata.

Bill no quería entretenerse en abrigarse, pero Darrell la obligó. Las dos niñas se pusieron abrigos, el uniforme y los impermeables. Luego bajaron por la escalera posterior, salieron por la puertecita de atrás y corrieron hacia los establos, bajo la lluvia.

Darrell pudo oír a un caballo que gemía y pateaba. ¡Oh, cielos! ¡Qué espantoso sonaba! Con dedos temblorosos, Bill abrió la puerta del establo y entró. En un rincón había una lámpara con una caja de cerillas al lado. Las manos le temblaban tanto que no pudo encender una cerilla y Darrell tuvo que prender la lámpara.

Las dos niñas se sintieron mejor cuando la luz iluminó el establo oscuro, los caballos y el heno. Bill se dirigió presurosa al rincón de Trueno. Darrell la siguió con la lámpara.

Los ojos de Trueno, con expresión asustada, estaban muy abiertos y tenía la cabeza inclinada con aire triste. De su cuerpo brotaban ruidos extraños, como truenos lejanos.

—Sí. Tiene un cólico. Está mal, Darrell. Oh, Darrell, no debemos dejar que se acueste. Eso sería fatal. Debemos hacerle andar todo el rato.

—¿Hacerle andar? ¿Dónde? —preguntó Darrell asombro—. ¿Por los establos?

—No. Fuera. Es lo único que podemos hacer, hacerle andar para que no pueda tumbarse. Mira, ahora quiere intentarlo. ¡Ayúdame a impedírselo!

¡Pero es muy difícil impedir a un caballo grande que se acueste si él se lo propone! Ninguna de las dos hubiese podido evitarlo si Trueno hubiese decidido echarse en el suelo, pero por fortuna quiso permanecer en pie un poco más y apoyar su cabeza sobre Bill. ¡Se alegraba tanto, tanto de verla!

Bill lloraba amargamente.

—¡Oh, Trueno! ¿Qué puedo hacer por ti? No te tumbes, Trueno. ¡No te tumbes!

—Deberías traer al veterinario, Bill, ¿no crees? —dijo Darrell, preocupada—. ¿Cómo podemos avisarle?

—Coge un caballo y ve a buscarlo —le dijo Bill, enjugándose las lágrimas con el dorso de la mano—. Tú sabes dónde vive, no debe de ser muy lejos de aquí.

—No, no podría —replicó Darrell—. No monto lo bastante bien como para galopar en una noche oscura. Ve tú, Bill, yo me quedaré con Trueno.

—¡No puedo dejarlo ni siquiera un minuto! —dijo Bill, que parecía incapaz de pensar lo que podía hacer.

Darrell pensó muy seria. Una idea acudió a su mente y tocó a Bill en el hombro.

—¡Bill! Quédate aquí y yo traeré ayuda como sea. No te preocupes. ¡Volveré en cuanto pueda!

CAPÍTULO XVII

GALOPANDO A MEDIANOCHE

Darrell echó a correr bajo la lluvia. Se le había ocurrido algo, pero no quiso decirle a Bill de qué se trataba. A ella no le hubiese gustado. Pero, era la única cosa sensata que Darrell pudo pensar.

¡Iba a despertar a la señorita Peters y a decirle lo de Trueno! Recordó cómo había oído a la profesora hablar al caballo con simpatía y cómo Trueno había relinchado feliz frotando su cabeza contra ella. Seguro que la señorita Peters comprendería la situación e iría a ayudarlas.

Entró en el colegio y se dirigió a la habitación de la señorita Peters tropezando por los oscuros corredores. Se preguntaba si habría llegado a la habitación que buscaba. Sí, aquella tenía que ser. Llamó a la puerta con los nudillos.

No hubo respuesta. Volvió a llamar. Tampoco hubo contestación. ¡La señorita Peters debía de dormir muy profundamente! En su desesperación Darrell abrió la puerta y miró al interior. La habitación estaba a oscuras. Buscó el interruptor de la luz y la encendió.

La señorita Peters estaba en la cama, profundamente

dormida. Solía dormir siempre bien y, por lo general, ni una tormenta era capaz de despertarla. Darrell se acercó a la cama y puso su mano sobre el hombro de la profesora.

La señorita Peters se despertó al instante, se incorporó y miró a Darrell con asombro.

—¿Qué sucede? —le dijo—. ¿Por qué has venido?

Darrell de ordinario hubiese acudido a la señorita Potts o a la inspectora, pero la situación era extraordinaria y la niña pensó que sólo la señorita Peters podría resolverla. Comenzó a contarle todo lo que pasaba.

—Es Trueno. Tiene un cólico y Bill teme que muera si se acuesta en el suelo. ¿Podría usted avisar al veterinario, señorita Peters?

—¡Cielo santo! ¿Es que Bill y tú han ido a los establos a estas horas de la noche? —dijo la señorita Peters mirando su reloj que marcaba las doce y media. Saltó de la cama. Se puso los pantalones de montar, un abrigo y un impermeable, ya que había estado montando aquel día con las alumnas y tenía todas las cosas a mano.

—Sí —dijo Darrell—, pero no se enfade, señorita Peters, tuvimos que ir cuando oímos cómo gemía Trueno.

—No estoy enfadada —afirmó la señorita Peters—. Yo también estaba preocupada hoy por Trueno. Telefoneé al veterinario y me dijo que vendría mañana. Bajaré contigo y echaré un vistazo al caballo.

A los pocos minutos estaba en los establos con Darrell. Bill se sorprendió al verla, pero se sintió muy confortada al ver lo capaz que se mostraba la señorita Peters para manejar al desdichado caballo. Trueno relinchó al verla y frotó su cabeza contra su hombro. La señorita Peters le habló con cariño y el corazón de Bill rebosó agradecimiento.

—Oh, señorita Peters, ¿podríamos ir ahora a buscar al veterinario? Tengo tanto miedo de que Trueno se acueste y ya no pueda levantarse más...

El interior de Trueno retumbó en aquellos momentos de un modo alarmante y el pobre gimió de dolor y miedo. Pareció dispuesto a tumbarse, pero la señorita Peters lo sacó enseguida de su pesebre y comenzó a hacerle andar arriba y abajo del establo. Los otros caballos se volvieron a mirar, sorprendidos ante aquellos sucesos inusuales. Uno o dos relincharon al ver a la señorita Peters. La querían mucho.

—¡Darrell! Ve deprisa a buscar tus botas de goma y las de Bill. Luego sacad el caballo al patio y hacerle dar vueltas y más vueltas. Yo iré a telefonear al veterinario y volveré enseguida.

Darrell obedeció al momento y regresó con las botas de goma. Tuvo que ponérselas a Bill porque las miraba como si no supiera lo que eran.

—Ahora voy a telefonear —dijo la señorita Peters—. Sácalo fuera, Bill.

Salió. Fue a telefonear al veterinario. Le contestó la voz somnolienta del ama de llaves.

—Lo siento, señorita, pero el señor Turnbull ha ido a la granja Raglett para atender a una vaca. Dijo que se quedaría allí a pasar la noche. No, señorita, me temo que no tienen teléfono. No podrá localizarlo esta noche. Lo siento.

La señorita Peters colgó el auricular. ¡El veterinario no podría ir! ¿Qué hacer? El caballo necesitaba medicinas y sólo el veterinario podía proporcionárselas y hacérselas tomar. La señorita Peters se daba cuenta de que el estado de Trueno era grave. ¡Había que hacer algo!

Volvió a los establos. En el patio las dos niñas hacían dar vueltas a Trueno mientras la lluvia caía sobre ellas. Les dijo que no podía localizar al veterinario. Bill gimió. Estaba desesperada.

—Está en la granja Raglett —dijo la señorita Peters—. Esto está a unos cuantos kilómetros de aquí, en la carretera de Billington. Ya sé lo que voy a hacer. Iré a caballo a la granja y lo traeré. Será lo mejor.

—¿Qué? ¿En la oscuridad y con esta lluvia? —exclamó Darrell sin apenas dar crédito a sus oídos.

—Eso no es nada —replicó la señorita Peters—. Trueno es un caballo precioso de veras y no me importa hacerlo por él.

Bill apoyó su mano en el brazo de la señorita Peters. Sollozaba.

—¡Es usted muy buena! —dijo—. Gracias, señorita Peters. Es usted la persona más amable que he conocido. ¡Oh, si consiguiera traer al veterinario!

La señorita Peters dio unas palmaditas sobre el hombro de Bill.

—Haré todo lo que pueda. ¡No te preocupes, Bill!

Darrell se quedó muda de sorpresa. La señorita Peters la había llamado Bill. ¡Cielos! E iba a galopar kilómetros en la oscuridad para buscar a alguien que ayudase a Trueno. ¡Era una persona maravillosamente perfecta!

—¡Y pensar que jamás lo hubiese sospechado antes! —se maravilló Darrell, mientras conducía a Trueno valientemente por el patio—. La gente suele tener un corazón muy bueno.

Al poco rato la señorita Peters galopaba en la noche. Las dos niñas se turnaban para pasear a Trueno por el patio. Cuando andaba parecía encontrarse mejor.

—Darrell, ahora siento remordimientos cuando recuerdo todas las cosas horribles que he pensado de la señorita Peters —dijo Bill—. Es la persona más buena que he conocido. Mira que ir a buscar al veterinario con esta noche... Darrell, nunca podré pagárselo. ¿Verdad?

—No. No creo que puedas —asintió Darrell—. Creo que es una bellísima persona. ¡Cielos, cómo se emocionarán las niñas mañana cuando lo sepan!

La señorita Peters galopaba veloz a través de la oscuridad. La lluvia batía sobre ella, pero no le importaba. Era una persona a prueba de fenómenos meteorológicos ¡y no temía a la lluvia, al viento, a la nieve o a la niebla! Galopó hacia la granja Raglett y por fin llegó a la cerca que marcaba los límites de la finca.

Había luz en uno de los cobertizos; la señorita Peters adivinó que el veterinario estaba allí con el granjero y la vaca que había ido a atender. Fue a caballo hasta la puerta y los cascos resonaron en la silenciosa noche.

El granjero se asomó a la puerta sorprendido. La señorita Peters le gritó con voz potente y grave.

—¿Está aquí el veterinario? ¿Puedo hablar con él?

—Está ahí dentro —respondió el granjero.

La señorita Peters desmontó para entrar en el cobertizo. El veterinario estaba allí, arrodillado junto a una vaca. Al lado de la vaca se veían dos preciosos terneros.

—Señor Turnbull —le rogó la señorita Peters—, si ha terminado ya, ¿podría venir a Torres de Malory? Ese caballo, Trueno, del que le hablé por teléfono esta mañana, está muy mal. Tiene un cólico. Necesita ayuda.

—Bien —dijo el veterinario—. He terminado aquí, como suele suceder, mucho antes de lo que pensaba. Ahora iré con usted. Voy a buscar mi caballo. Bueno, Raglett, la vaca está bien ahora, y los dos terneros son los más preciosos que he visto en mi vida.

El veterinario y la señorita Peters regresaron a Torres de Malory por la carretera. Cuando estaban a medio camino, el caballo de la señorita Peters se paró de pronto, retrocediendo.

—¡Eh! ¿Qué ocurre? —exclamó la señorita Peters y en aquel mismo momento vio a alguien caído junto a la cuneta. Era una forma oscura, apenas visible en la oscuridad de la noche—. Señor Turnbull. ¡Venga aquí! —gritó la señorita Peters—. Creo que hay alguien ahí. ¡Espero que no le haya atropellado un coche, abandonándolo sin prestarle ayuda!

El veterinario tenía una linterna muy potente y la encendió. El haz de luz iluminó un bulto acurrucado, un bulto con impermeable.

—¡Cielo santo! ¡Es una niña! —exclamó el veterinario—. ¿Está herida?

Levantó a la niña. La profesora, horrorizada, exclamó:

—¡Es Mavis! ¡Dios me asista! ¡Mavis! ¿Qué estará haciendo aquí tumbada a estas horas de la noche? ¡Es terrible!

—Creo que ha caído extenuada —afirmó el veterinario—. No parece estar herida. Mire, ya abre los ojos.

Mavis vio a la señorita Peters al abrir los ojos y se puso a llorar débilmente.

—No me dejaron cantar. Y perdí el último autobús y he estado caminando toda la noche bajo la lluvia.

—¿De qué está hablando? —preguntó el veterinario—. ¡Pobre chica!, está empapada. Pescará una pulmonía a menos que nos demos prisa. La llevaré en mi caballo. Ayúdeme a subirla.

Sorprendida, horrorizada y desesperada, la señorita Peters ayudó al veterinario a colocar a Mavis sobre el caballo. La sujetó bien en la silla y volvieron a emprender la marcha, esta vez más despacio.

Llegaron a Torres de Malory.

—Si Mavis puede andar, la llevaré inmediatamente a la inspectora —dijo la señorita Peters—. ¡Oh, Dios mío, qué noche! Usted vaya a los establos, señor Turnbull. Darrell y Bill están paseando a Trueno por el patio.

El veterinario desapareció en dirección a los establos y la señorita Peters guió a la exhausta Mavis hacia la Torre Norte. Apenas podía andar y la profesora casi la arrastró por la escalera hasta la habitación de la inspectora.

Ésta se despertó al instante, gracias a las insistentes llamadas de la señorita Peters y, al ver a Mavis, lanzó una exclamación de horror.

—¿Qué es esto? ¿Dónde ha estado? Está empapada y tiritando. Señorita Peters, hay una manta eléctrica en ese armario. Póngala en esa cama de ahí, ¿quiere?, y traiga el calentador y encienda mi cafetera eléctrica. ¡Cielo santo! ¿Qué puede haber ocurrido?

—Sólo Dios lo sabe —contestó la señorita Peters, haciendo todas las cosas que le había pedido, mientras la inspectora desnudaba a Mavis rápidamente, arrojando sus empapadas prendas al suelo, en su apresuramiento por meterla en una cama caliente. No pasó mucho tiempo hasta que estuvo acostada entre dos botellas de agua caliente, en tanto la inspectora preparaba cacao caliente.

Mavis trató de explicar lo que había ocurrido y lo hizo con voz rota.

—Fui a Billington para presentarme al concurso de talentos; pero me dijeron que no dejaban participar a las colegialas. Traté de convencerles para que me dejasen cantar, pero no quisieron. Luego perdí el último autobús y por eso me vine andando. Pero llovía, hacía viento y estaba tan cansada que me caí y no pude volver a levantarme. Por eso...

—Ahora no hables más —le dijo la inspectora en tono amable—. Bébete este cacao y duerme. Yo estaré aquí, en esa otra cama, de manera que no necesitas preocuparte ya por nada más.

La señorita Peters se había marchado de la habitación murmurando que iba a ver un caballo, ante la sorpresa del ama. No podía comprender por qué la señorita Peters iba en traje de montar ni cómo había encontrado a Mavis en la carretera. Bueno, lo principal era cuidar a Mavis; después ya averiguaría el resto de aquel misterio.

La señorita Peters fue a los establos. Bill y Darrell habían recibido al veterinario con alegría y alivio. Trueno lo conocía y relinchó. Al poco rato el veterinario le había hecho beber una buena dosis de medicina.

—Han hecho muy bien en mantenerle de pie —dijo a las dos fatigadas niñas—. Probablemente le han salvado la vida. Ahora márchense directas a la cama. Yo me quedaré con él hasta mañana. La señorita Peters me ayudará. ¡A la cama!

CAPÍTULO XVIII

A LA MAÑANA SIGUIENTE

Naturalmente, Bill no hubiese querido dejar a Trueno, pero la señorita Peters habló con firmeza y amabilidad.

—Vamos, Bill, ahora debes dejarlo en nuestras manos. Sabes que haremos cuanto podamos por él. Ahora que ha tomado esa medicina, se pondrá bien enseguida. Le haremos caminar cuanto sea necesario; pero tú y Darrell ya han terminado su tarea y están rendidas. Sé razonable, Bill, y haz lo que te digo.

—Sí, lo haré —respondió Bill inesperadamente. Cogió la mano de la señorita Peters, estrechándosela con fuerza—. Señorita Peters, nunca podré pagárselo. ¡Nunca! Jamás olvidaré esta noche y todo lo que usted ha hecho.

La señorita Peters dio una palmada a Bill en la espalda.

—Está bien. ¡No voy a pedir que me lo pagues! Yo también quiero a Trueno y sé lo que sientes. No voy a enviarlo a casa, Bill. Puedes tenerlo aquí. Me parece que no voy a tener que castigarte más, prohibiéndote verlo.

—Desde luego que no —contestó Bill, y su rostro pálido resplandeció a la luz de la lámpara—. ¡De ahora en adelante seré su... su mejor alumna, señorita Peters!

—Bueno, ésa será una penitencia maravillosa —dijo la profesora sonriente—. Y ahora, ¡a la cama las dos! Están pálidas y cansadas. ¡Desayunarán en la cama!

—¡Oh, no! No podríamos soportarlo.

—De acuerdo. Yo tampoco lo soporto —dijo la señorita Peters—. Bueno, en vez de eso, pueden acostarse temprano. Y ahora, buenas noches, o mejor dicho, buenos días, son casi las tres.

Las dos niñas se fueron a la Torre Norte bostezando. Apenas se dijeron palabra, tan rendidas estaban, pero se sentían muy felices y les parecía que habían sido amigas desde hacía años. Bill se metió en la cama y dijo a Darrell en un susurro:

—¡Darrell! Ya sé que eres amiga de Sally y que por eso no puedes serlo mía; pero yo seré tu amiga siempre, siempre. ¡Recuérdalo! Algún día te pagaré todo lo que has hecho por mí esta noche.

—No tiene importancia —contestó Darrell, antes de quedarse dormida casi al instante.

Por la mañana, ¡qué alboroto! Darrell y Bill dormían tan profundamente que ni siquiera el timbre fue capaz de despertarlas. Cuando Jean las sacudió, ambas se acurrucaron aún más sin apenas despertarse.

—¡Darrell! ¡Bill! ¿Qué les pasa a estas dos? Despiértense, hace siglos que ha sonado el timbre. Despiértense, queremos contarles algo. ¡Mavis no ha vuelto! ¡Su cama está vacía!

El resto de las niñas hablaba excitadamente de la desaparición de Mavis. Jean estaba muy preocupada. Comprendía que su obligación era haber dado parte la noche anterior de que Mavis no había ido a acostarse con el resto de las niñas. Se sentía culpable.

—Debo ir a hablar con la señorita Potts inmediatamente —dijo antes de salir corriendo.

Pero la señorita Potts sabía todo lo referente a Mavis porque la inspectora ya se lo había contado. La señorita Grayling también lo sabía. Y todos se habían disgustado mucho con lo ocurrido. Mavis estaba ahora en la enfermería de las niñas y la enfermera encargada cuidaba de ella. El médico ya había ido a verla.

Jean escuchó todo aquello con asombro.

—¿Es que Mavis fue a Billington? —preguntó.

—¡Oh! De manera que tú también sabías eso —la reprendió la señorita Potts muy seria—. Eres una delegada de clase muy particular, Jean. Mira que no haber avisado que Mavis no estaba anoche en el dormitorio. Fue un descuido por tu parte. Hay veces en que hay que distinguir entre lo que es acusar y lo que es avisar. Tú lo sabes. Es posible que hubiésemos podido librar a Mavis de una grave enfermedad, de saber que no se había acostado.

Jean se puso pálida.

—Me dormí —contestó muy apenada—. Pensaba esperar hasta que hubiese llegado el último autobús y si Mavis no venía en él, venir a decírselo. Pero me quedé dormida sin darme cuenta.

—Una pobre excusa —arguyó la señorita Potts, que estaba furiosa consigo misma por no haber asomado la cabeza en el dormitorio de tercer curso la noche anterior, cuando las oyó hablar. ¡Si lo hubiera hecho!

—¿Podemos ver a Mavis? —preguntó Jean.

—Desde luego que no —dijo la señorita Potts—. Está muy enferma. Se empapó hasta los huesos y estuvo tendida largo rato junto a la carretera. Ahora tiene bronquitis y esperemos que no degenere en nada peor. También tiene anginas, apenas puede hablar.

Jean regresó al dormitorio de las de tercero. Se sentía culpable y alarmada. Encontró a sus compañeras rodeando a Darrell, que les contaba lo ocurrido la noche anterior. Bill no estaba allí. Había bajado corriendo a los establos, naturalmente.

—Óiganme... —dijo Jean. Pero nadie la escuchaba. Todas estaban hechizadas por el relato sorprendente de Darrell. Jean también prestó atención.

—Pero ¿ustedes hubieseis imaginado que la señorita Peters era así de buena? —exclamó Belinda, sorprendida—. ¡Estuvo superior! ¡Qué suerte que fueses a buscarla, Darrell!

—¡Vaya noche! —dijo Darrell—. Bill y yo debimos de caminar kilómetros y kilómetros dando vueltas al patio tirando de Trueno. Me pregunto qué tal estará esta mañana.

Se oyeron pasos que llegaban corriendo al dormitorio. Bill entró como una exhalación con el rostro resplandeciente.

—¡Darrell! ¡Darrell! Está bien. Está comiendo su pienso como antes. El veterinario ha estado con él hasta las siete y media, y la señorita Peters se ha quedado hasta ahora. ¡Ni siquiera se ha acostado!

—¡Caracoles! ¡Es maravilloso! —afirmó Alicia, que ahora veía a la señorita Peters bajo una nueva luz—. Bill, ¿por qué Darrell y tú no nos despertaron?

—No pensamos en nada de eso —respondió Bill—. Nuestra única preocupación era Trueno. Darrell estuvo maravillosa también. Oh, me siento tan feliz. Trueno está perfectamente y no van a enviarlo a casa. Todo va bien. Y yo jamás, jamás olvidaré lo que hizo la señorita Peters la noche pasada.

—¡Lo harás! —exclamó Alicia—. ¡Continuarás soñando en clase y mirando por la ventana, como siempre has hecho!

—No, no lo haré —protestó Bill con vehemencia—. No me pinches, Alicia. Me siento algo extraña, aunque feliz. Ahora ya sé que la señorita Peters quiere a Trueno y que él también la quiere. ¡Imagínense, todo va a ser muy distinto! Puede que incluso deje que lo monte.

Al fin Jean pudo decir nada.

—¡Escúchenme a mí ahora! —dijo, y les contó lo de Mavis. La escucharon en silencio, horrorizadas. Darrell habló enseguida.

—¡Cielos! De manera que anoche la señorita Peters no sólo salvó a Trueno sino también a Mavis. Pero, imagínense a Mavis tratando de volver al colegio caminando todos esos kilómetros sola y por la noche. Ella que tiene un miedo tremendo a la oscuridad.

Las niñas estaban contentas por Bill y Trueno, pero preocupadas por Mavis. Permanecieron charlando en el dormitorio, sin acordarse del desayuno. Alguien llegó a la carrera por el pasillo. Era Lucy, una alumna de cuarto curso.

—¿En qué están pensando? ¿Es que no van a bajar a desayunar? El timbre hace ya bastante rato que ha sonado. ¡Mademoiselle está furiosa!

—¡Pobres de nosotras! ¡Vamos todas! —dijo Darrell—. Me siento como en un torbellino.

Las noticias respecto a Trueno y Mavis se extendieron por todo el colegio y se comentaron en todas las clases, de la primera a la última. Darrell y Bill tuvieron que repetirlo una y otra vez.

Era domingo, por lo que no había clases. En la capilla del colegio, donde se celebraba la misa, rezaban por Mavis. Todas las niñas se unieron a la plegaria porque, aunque no gozaba de muchas simpatías, todas la comprendían. Circuló la noticia de que estaba peor. ¡Habían mandado llamar a sus padres! «¡Oh, pobre de mí —pensó Jean—, todo por mi culpa!»

No obstante, a la mañana siguiente, Mavis había mejorado. Trueno también se encontraba perfectamente. Bill estaba emocionada. Le parecía imposible que un caballo que había sufrido tanto como Trueno pudiese haberse recuperado en un solo día. ¡Qué personas más maravillosas eran los médicos y los veterinarios!

Las niñas volvieron a sus clases el lunes, contentas de que Mavis estuviese mejor. Jean era la que sentía mayor alegría. Puede que pronto se reincorporase a la Torre Norte y todo el asunto habría terminado. La señorita Grayling hablaría con Mavis, pero sin castigarla, porque ya lo había pagado de sobra. Todo iría bien.

La señorita Peters, que se había tomado un buen descanso el domingo y el lunes, se hizo cargo del tercer curso como de costumbre. Al entrar en la clase tuvo una agradable sorpresa.

—¡Hurra por la señorita Peters! —exclamó vivamente Darrell y, ante la sorpresa de las dos clases contiguas a la de tercero, las niñas vitorearon por tres veces a su profesora, que no pudo por menos de sentirse halagada y sonreír.

—Gracias —dijo—. Son muy amables. Ahora abran los libros por la página cuarenta y uno. Alicia, ven a la pizarra, por favor.

Darrell miró con interés a Bill varias veces durante aquella mañana. Bill no miró por la ventana ni una sola vez. Prestaba mucha atención a cada palabra que pronunciaba la señorita Peters. Respondía inteligentemente y, cuando le tocó el turno de salir a la pizarra, lo hizo muy bien.

—Muy bien, Bill —le dijo la señorita Peters, y toda la clase contuvo el aliento. La señorita Peters no la había llamado Wilhelmina, como antes, sino Bill. Ésta sonrió al volver a su sitio. Parecía una persona distinta.

Darrell lo notó y continuó observándola clase tras clase. Bill se había propuesto hacer una cosa y la hacía. Darrell pensó que era posible que Bill llegase a ser de las primeras de la clase ahora que estaba dedicada a estudiar.

«Supongo que es lo que papá llama entereza de carácter —pensó Darrell—. Siempre dice que la entereza de carácter es una de las mejores cualidades que se pueden tener, porque cuando se posee coraje y determinación, no importan las dificultades con que se tropiece. Bill la tiene. Apuesto a que no soñará, ni volverá a mirar por la ventana, ni olvidará su trabajo. ¡Piensa pagar así a la señorita Peters por lo que hizo la noche del sábado!»

La señorita Peters sabía que Bill deseaba pagarle así. Ahora confiaba en ella. Se comprendían mutuamente, lo cual no era de extrañar porque eran muy parecidas. La señorita Peters era un tanto varonil y Bill parecía un muchacho. Ambas adoraban la vida al aire libre y los caballos. Cierto que al principio sintieron antipatía recíproca, pero ahora se habían convertido en grandes amigas. Eso era muy agradable para Bill.

—¡Darrell! ¿Es que estás pensando? —exclamó la voz de la señorita Peters—. ¡Me parece que no has escrito ni una sola palabra!

Darrell dio un respingo y enrojeció.

«¡Cielos! —pensó—. ¡Estaba criticando a Bill por no ser capaz de dejar de soñar en clase y yo he caído en la misma falta!» Se reanimó y comenzó a escribir.

Aquella tarde, la señorita Hibbert iba a celebrar el primer ensayo en la sala de actos. Solían utilizarla para las representaciones dramáticas porque había una pequeña plataforma. Zerelda aguardaba aquella tarde con ansiedad. Sentada en su sitio, recitaba por lo bajo algún pasaje de *Romeo y Julieta*. La señorita Peters vio que movía los labios y pensó que hablaba con Gwen.

—¡Zerelda! —le dijo, crispada—. ¿Qué le estás diciendo a Gwendoline?

—Nada, señorita Peters —respondió Zerelda sorprendida.

—Bueno, entonces, ¿qué es lo que murmuras? —preguntó la señorita Peters—. Ponte en pie y respóndeme, Zerelda.

Zerelda se levantó y, mirando a la señorita Peters, recitó dramáticamente lo que había estado murmurando entre dientes:

¿Quieres marcharte ya? Aún no ha despuntado el día.
Era el ruiseñor y no la alondra...

Un coro de carcajadas ahogó su voz. La señorita Peters dio unos golpecitos encima del escritorio para llamar al orden.

—¡Zerelda! Espero que no hayas pretendido ser grosera. ¡Es suficiente! Estamos estudiando geografía y no Shakespeare. ¡Siéntate y continúa!

CAPÍTULO XIX

EN EL ENSAYO

Después de comer, las de tercero volvieron a hablar del truco de Alicia.

—Sabes, Alicia, ahora no siento deseos de gastar esa broma a la señorita Peters —dijo Bill.

—Ni yo —intervino Darrell.

—Y a mí nunca me ha gustado esa idea —dijo Sally con firmeza.

—Bueno, eres la única —afirmó Alicia—. De manera que cállate. ¿Qué dicen las demás?

—Yo tampoco quisiera hacerle eso ahora a la señorita Peters —exclamó Belinda—. Opino lo mismo que Bill y Darrell. Verán, resulta un poco extraño vitorear un día a una persona y, al siguiente, gastarle una broma semejante.

—A mí no me importaría —manifestó Zerelda, a quien no le había gustado la regañina que le había hecho la profesora aquella mañana—. ¿Qué es una broma, al fin y al cabo? Sólo un poco de diversión. No creo que tenga demasiada importancia.

—Estoy de acuerdo con Zerelda —dijo Gwen—. ¿Por qué no hemos de hacerlo? ¿No te parece, Daphne?

—No lo sé —replicó Daphne, a quien le había impresionado mucho el dramático paseo a caballo en plena noche—. No, yo creo que sería mejor hacérselo a Mademoiselle, o tal vez a la señorita Canon.

—Bueno, no me importa mucho a quién se lo hagamos —replicó Alicia—. Darrell y yo estaremos de acuerdo con la mayoría.

—¡Darrell y tú! —exclamó Sally—. ¿Qué tiene Darrell que ver con esto? ¡El truco es tuyo y no suyo!

—Es que lo hemos estado planeando juntas, eso es todo —respondió Alicia fríamente, satisfecha de ver cómo Sally demostraba sus celos en público. Darrell enrojeció. Era cierto que había disfrutado hablando de la broma con Alicia, pero sabía muy bien que ésta lo decía sólo para hacer enfadar a Sally. ¡Qué pesadas eran! ¿Por qué no podían ser amigas las tres? No importaba, Betty regresaría pronto, entonces, tal vez Alicia dejase de meterse con Sally, y Sally de mostrarse celosa y despechada.

—Bueno, hagámoslo con Mademoiselle entonces —dijo Irene—. Mademoiselle es estupenda para eso de las bromas. Hace tiempo que no le gastamos ninguna.

—Bien. Entonces la víctima será Mademoiselle —sentenció Alicia—. ¿Estás de acuerdo, Darrell? Cuando tengamos ambas un rato libre, estudiaremos cuál será el mejor momento. Ahora debemos ir a la sala de actos.

Todas se dirigieron a la sala de actos. Sally tenía un aspecto tristón, mientras Alicia cogía del brazo a Darrell como si en realidad fuese su mejor amiga. Darrell miró a Sally, tratando de apartar el brazo de Alicia, pero Sally le dirigió una mirada tan furiosa que Darrell se molestó y siguió en compañía de Alicia.

En su interior, Darrell consideraba que la hora dedicada a Shakespeare era perder el tiempo, ya que con la tarde soleada y espléndida que hacía hubiese podido organizarse un partido de *lacrosse*. No obstante, sería divertido ver a Zerelda intentando impresionar a la señorita Hibbert.

Zerelda estaba emocionada. Aquella era su gran oportunidad. ¡Si pudiera conseguir que la señorita Hibbert le dijera que poseía madera de actriz!

«Zerelda, eres una actriz innata —diría—. Posees un verdadero don. Debes concentrar toda tu atención en desarrollarlo. Además, posees el físico adecuado, eres atractiva y graciosa. ¡Me sentiré muy orgullosa de ser tu profesora de arte dramático!»

Zerelda, para parecer mayor, se había peinado otra vez con un pequeño moño en lo alto de la cabeza. Claro que no era un moño tan grande como el principio de trimestre, pero no dejaba de ser un moño. Dejó los cabellos flojos en vez de tirantes hacia atrás. Se había maquillado un poco y avivado sus labios con pintalabios rojo, sus mejillas con colorete y había dulcificado sus facciones empolvándolas. Sus manos eran blancas y sus uñas muy largas y bien pulidas.

¡Esperaba que su aspecto fuese el de una actriz consumada!

La señorita Hibbert no tenía aspecto de directora teatral. Era muy pulcra. Llevaba un traje chaqueta muy bien cortado y sus cabellos ligeramente ondulados estaban bien cepillados hacia atrás. Usaba gafas con una montura bastante gruesa. Poseía una voz encantadora, muy agradable al oído. Era muy eficiente y sabía escoger exactamente la mejor actriz para cada papel.

Miró a las niñas a medida que iban entrando. Ya conocía a Zerelda porque le había dado algunas lecciones en cuarto curso y le asombró su maquillaje. ¡Cielo santo! ¿Qué se proponía aquella niña?

La señorita Hibbert no tenía la menor idea de que Zerelda se creía una actriz o artista de cine. Nadie se lo había dicho. Tal vez, de haberlo sabido, hubiera podido ser un poco más paciente e incluso más amable con aquella chica. Pero lo ignoraba.

Había mucho que hacer. Por una razón u otra habían sido suspendidas dos audiciones y la señorita Hibbert sentía que el tiempo apremiaba. Repartió copias de la obra y miró a todas las niñas.

—Vamos a ver, ¿alguna de vosotras ha actuado en esta obra antes?

Nadie lo había hecho. Zerelda se adelantó y dijo unas palabras, tratando de hablar con acento inglés.

—Por favor, señorita Hibbert, una vez representé a Lady Macbeth, de Shakespeare.

—¡Ah! —exclamó la profesora. Miró su cabello—. ¡Zerelda! No me gusta cómo te peinas. No vuelvas a venir a ensayar con ese ridículo moño.

Zerelda retrocedió, ruborizada.

—¿Ha leído alguna de ustedes la obra?

Darrell y Mary-Lou alzaron las manos, igual que Zerelda.

—¿Se saben los papeles? ¿Alguna de ustedes se ha interesado lo suficiente para aprenderse algún fragmento? —prosiguió la señorita Hibbert.

Zerelda volvió a adelantarse.

—Por favor, señorita Hibbert. Yo me sé todo el papel

de Julieta. Creo que podría recitarlo ahora. Es un personaje maravilloso. Lo he ensayado como una loca.

—Sí. Está estupenda como Julieta —intervino Gwendoline, que recibió una sonrisa agradecida de Zerelda.

—Muy bien. Como te has tomado la molestia de estudiarte el papel, puedes representarlo esta tarde —dijo la señorita Hibbert. Miró a su alrededor buscando a alguna jovencita con aire de muchacho para hacer de Romeo. Sus ojos se posaron en Bill.

—Tú —le dijo—. ¿Cómo te llamas? Wilhelmina. Hoy puedes hacer de Romeo. Y tú, Darrell, representarás a la nodriza, y tú...

Rápidamente repartió los papeles. Las niñas se prepararon para leerlos y actuar.

—No están muy inspiradas —dijo la señorita Hibbert, después de que hubieran leído las primeras páginas—. Pasen a la parte donde aparece Julieta. Zerelda, ¿estás preparada?

¿Que si estaba preparada? ¡Vaya, si aguardaba con impaciencia poder empezar! ¡Estaba empapada del personaje! ¡Ella era Julieta, la pobre y trágica Julieta!

Zerelda se entregó al papel, declamando del modo más dramático, yendo de un lado a otro, echando la cabeza hacia atrás e imaginándose hermosa y casi adorable.

—Basta, Zerelda —le dijo la señorita Hibbert asombrada.

Pero Zerelda no se detuvo. Insensible a las risas de las niñas, continuó. Irene lanzó una de sus enormes carcajadas y la señorita Hibbert la miró fijamente. Luego, se dirigió de nuevo a Zerelda:

—¡Basta, Zerelda!

Zerelda se detuvo, mirando estupefacta a la señorita Hibbert, sin comprender por qué estaba enfadada.

—¿Cómo te atreves a comportarte así? —rugió la señorita Hibbert—. ¡Haces reír a todas tus compañeras! ¿Tú crees que ésa es la manera de declamar una obra de Shakespeare? Puede que a ellas les resultes cómica, pero a mí no. Estas líneas que has recitado son preciosas, pero tú las has estropeado por completo. ¿Crees que es inteligente ir de un lado a otro de esa manera, echando la cabeza hacia atrás? ¿No sabes que Julieta era joven, amable y dulce? ¡Tú tratas de convertirte en una horrible y afectada estrella de cine!

Zerelda se dio cuenta de lo que decía la profesora, pero apenas podía creerlo y palideció bajo la capa de colorete de sus mejillas.

—¿Y por qué te has maquillado así? —le preguntó la señorita Hibbert, enfadándose de nuevo al oír nuevas risas entre el resto de la clase—. No encuentro palabras para decirte lo horrible que estás con esa porquería en la cara. Así no te atrevas a ir a la clase de la señorita Peters. Y yo tampoco pienso admitirlo. Debes asumir que nunca serás actriz, Zerelda. Sencillamente, no va contigo. Todo lo que consigues es parecer vulgar. Ahora vete a lavar la cara y a peinarte como es debido.

Zerelda se sentía como un balón recién pinchado. Toda su confianza y orgullo desaparecieron como por encanto. Fue hacia la puerta y salió. Algunas de las niñas se compadecieron de ella.

Bastante atemorizadas por aquel sermón, el resto de la clase prosiguió la lectura, y la señorita Hibbert, que lamentaba haber sido tan dura con Zerelda, les dirigió algunas palabras de elogio.

—Lo has hecho bien, Alicia. Y tú, Mary-Lou, tienes una voz bonita, pero recuerda que debes alzar la cabeza cuando recites tu papel. Darrell, ya veo que te esfuerzas. La próxima vez cambiaremos todos los papeles.

—Señorita Hibbert, ¿quiere que vaya a ver dónde ha ido Zerelda? —preguntó Gwen con timidez—. Ella cree, de veras, que posee un don para ser actriz, ¿sabe? ¿No va a dejarla actuar en la obra?

—Puede que le dé un pequeño papel, en el que no pueda ponerse en ridículo —admitió la señorita Hibbert—. Pero desde luego, ninguno importante; es evidente, e incluso debe serlo para ti, Gwendoline, que Zerelda no tiene la menor idea de lo que es actuar, ni nunca la tendrá.. Ve a buscarla y dile que venga a verme. Quiero hablar con ella. Ahora pueden marcharse.

Las de tercero fueron saliendo tranquilamente. ¡Pobre Zerelda! ¿Qué haría ahora?

—Poner cara desafiante, supongo —dijo Alicia—. Lo mismo que hizo cuando la pasaron a tercer curso. ¡No le importó! ¡Seguirá portándose igual, pensando lo mejor de sí misma y desvalorizando a las demás!

Gwendoline encontró a Zerelda en el cuarto de aseo. Se había lavado la cara y peinado de nuevo el pelo hacia atrás, pero estaba demasiado asustada para volver al salón de actos.

—Zerelda, la señorita Hibbert te llama —le anunció Gwen—. Siento que te haya reñido. Es una vergüenza.

—¿Es que no sé actuar, Gwen? —le preguntó Zerelda con los labios temblorosos.

Gwendoline vacilaba.

—Bueno, no estuviste muy bien, la verdad —le dijo—.

Resultabas... resultabas más bien cómica. Quizá te irían mejor los papeles graciosos, Zerelda.

Zerelda no dijo nada, pero salió en dirección a la sala de actos. ¡Incluso Gwen pensaba que no era buena actriz! En realidad era tan mala que resultaba ridícula. Zerelda estaba sorprendida y decepcionada, y temía oír la verdad de labios de la señorita Hibbert.

Pero la señorita Hibbert se mostró inesperadamente amable.

—He sabido que tu gran ambición es ser una gran actriz, Zerelda —le dijo—. Bueno, querida, eso lo alcanzan muy pocas. Tú no posees ese don, ni haces otra cosa que todas las buenas actrices necesitan hacer.

—¿Qué es? —susurró Zerelda.

—Pues verás, Zerelda, para poder encarnar con propiedad cualquier personaje, debes olvidarte de ti por completo al actuar, olvidar tu aspecto, tus ambiciones, tu orgullo, todo. Y para eso se precisa un carácter enérgico y comprensivo, alguien que no tenga orgullo, ni debilidades de ninguna clase. Cuanto mejor es el carácter del actor, mejor puede representar cualquier papel. Tú piensas demasiado en ti. Esta tarde no eras una Julieta representada por Zerelda, sino Zerelda todo el tiempo, ¡y una Zerelda no muy agradable, por cierto!

—¿Es que nunca llegaré a hacerlo bien? —preguntó Zerelda, sintiéndose muy desgraciada.

—Eso creo —le contestó la señorita Hibbert en tono amable—. Las personas que poseen dotes para el teatro, lo demuestran al instante. A ti te ha cegado la admiración que sientes por las estrellas de cine, Zerelda. ¿Por qué no tratas de ser tú misma por algún tiempo? ¡Déjate de poses y fingimientos! ¡Sé como las otras, una colegiala que ha venido aquí para aprender lecciones y practicar deportes!

—Es lo único que me queda —respondió Zerelda y una lágrima resbaló por su mejilla.

—Es algo muy agradable —convino la señorita Hibbert—. ¡Prueba y verás! No hubiese sido tan dura contigo de saber que habías puesto todo tu corazón en llegar a ser actriz. Yo pensé que sólo tratabas de hacernos reír.

Zerelda abandonó la sala de actos sin saber qué pensar. Se había puesto en ridículo. ¡Nunca, nunca volvería a actuar! Todo lo que deseaba era ser nadie, con la esperanza de que ninguna de las otras se fijara en ella y bromearan a su costa aquella tarde.

Se unió a las otras a la hora de la merienda y ocupó su sitio sin ser advertida por las niñas

La señorita Potts la miró y observó que había llorado.

«¡Es extraño! —pensó la señorita Potts—. Es la primera vez que lo observo, pero Zerelda se parece mucho a las otras ahora, es una verdadera colegiala. Tal vez Torres de Malory esté empezando a ejercer su efecto.»

CAPÍTULO XX

¡EL TRUCO!

Transcurrieron un par de días. Mavis seguía muy enferma y no permitían visitarla, pero se sabía que mejoraba. Todas respiraron aliviadas y le enviaron flores y libros. Zerelda le regaló un complicado rompecabezas americano.

Bill se había recuperado totalmente de su aventura nocturna, igual que Darrell. La señorita Peters estaba encantada con el cambio ocurrido en Bill. Seguía atrasada en sus estudios, pero ella sabía que Bill prestaba mucha atención y, en realidad, se esforzaba en serio. También Zerelda estudiaba más que nunca y pidió a Mademoiselle que le diera clases extra.

Zerelda había reflexionado y desechado definitivamente la idea de convertirse en artista de cine. ¡Ni siquiera quería parecerse a ninguna! Quería ser lo más semejante posible a las otras y hacerles olvidar el ridículo que había hecho. Empezó a copiarlas en todo lo que podía.

—¿Verdad que Zerelda es muy rara? —dijo Belinda a Irene—. Cuando vino aquí, se daba tanta importancia y nos miraba a todas de arriba abajo, y ahora trata de imitarnos en todo, en la forma de hablar y en la manera de hacer esto y aquello; es como si pensara que somos «marravillosas».

—Ahora ha ganado mucho en simpatía —comentó Irene y se enfrascó de nuevo en el ritmo de una tonadilla tamborileándola sobre la mesa—. *Tum, tum, tum, tum.* Sí, tiene que ser así. Me gusta, Zerelda, de verdad.

—¡Mira.... Gwendoline está frunciendo el entrecejo otra vez! —exclamó Belinda en un susurro—. Esta vez conseguiré dibujarla. ¡Es un entrecejo precioso!

De pronto Gwen se dio cuenta de las insistentes miradas de Belinda y desarrugó el entrecejo al instante.

—¡Si me has dibujado, te romperé el papel! —sentenció.

—¡Oh, Gwen, frunce el entrecejo medio minuto más y lo habré conseguido! —suspiró Belinda.

Pero Gwen salió de la habitación y, en cuanto hubo cerrado la puerta y dejó boquiabiertos tanto a la caricaturista Belinda como a su lápiz indiscreto, volvió a ponerse ceñuda.

—Y hablando de nuestro truco —dijo Alicia de pronto a Darrell—. ¿Lo haremos el viernes? Mademoiselle ha insinuado un examen para ese día.

—Oh, sí. ¡Hagámoslo! —exclamó Darrell, emocionada. Vio que Sally estaba allí cerca con el rostro sombrío—. ¡Sally! Supongo que estarás de acuerdo. Será divertido y completamente inofensivo.

—¡Ya he dicho que no quiero tener nada que ver con esa broma! —exclamó Sally—. Me parece muy estúpida y puede resultar peligrosa. No comprendo cómo alguien puede estornudar una y otra vez sin enfermar. ¡Háganlo si quieren, pero recuerden que yo no estoy de acuerdo!

—Aguafiestas —murmuró Alicia en voz baja.

No podía renunciar a la broma ahora, sólo por complacer a Sally, pero le molestaba que no quisiera ser amiga de las dos. No importa, Betty regresaría aquella semana. ¡Tal vez el viernes! Entonces Alicia ya no se preocuparía más de ella. Betty había permanecido ausente más de seis semanas, medio trimestre. La habían enviado a la playa durante la convalecencia para que se recuperara pronto. ¡Cielo santo, sólo quedaban tres o cuatro semanas hasta final de trimestre! ¡Cómo volaba el tiempo! Ahora estaban en marzo y los primeros narcisos florecían en el patio.

Alicia y Darrell trazaron sus planes.

—Pondremos la pastilla, empapada en agua salada, encima del pequeño estante que hay detrás de Mademoiselle —planeó Alicia—. Veamos, ¿quién es la encargada de ordenar la clase el viernes? Oh, creo que tú, ¿no es cierto, Darrell? Entonces, será fácil. Tú misma puedes poner allí la pastilla.

—Sí, la pondré —contestó Darrell, que empezó a reír sólo de pensar en la sorpresa de Mademoiselle cuando empezase a estornudar.

Todas las de tercero sabían lo del truco y únicamente Sally lo desaprobaba. Jean no pensaba que hubiese ningún mal en ello, así que tampoco se opuso. Todas estaban emocionadas, pensando en el viernes.

Por fin llegó. Darrell acudió al aula con la pastilla y una esponja empapada en agua salada. Puso la pastilla en el estante y vertió encima algunas gotas de agua de la esponja. Al parecer, era todo lo que había que hacer para que funcionase.

Las otras entraron a la hora de la clase. Alzaron las cejas al ver a Darrell, que hizo un gesto de asentimiento.

La profesora entró sonriendo como de costumbre.

—*Asseyez-vous, mes enfants*. Hoy tenemos una gran prueba. ¡Se trata de un examen!

Toda la clase empezó a gemir.

—¡Silencio! —siseó Mademoiselle—. ¿Acaso quieren que venga la señorita Potts para ver qué significa este ruido terrible? Ahora voy a escribir algunas preguntas en la pizarra y ustedes las contestarán en sus cuadernos.

Se volvió para escribir y aspiró el primer vapor, completamente invisible, que surgía de la curiosa gragea.

Mademoiselle notó un cosquilleo en la nariz y palpó su robusta figura en busca del pañuelo.

—¡Ah!, ¿dónde estará ahora? Me pica la nariz.

—Su pañuelo está en su cinturón, Mademoiselle —le gritó Alicia, esperando que Irene no estallara demasiado pronto con una de sus explosiones de risa. Parecía ya que no pudiera aguantar más.

Mademoiselle también parecía a punto de explotar. Agarró el pañuelo y lo acercó a su nariz. Pero ningún pañuelo podía contener aquel estornudo colosal.

Mademoiselle siempre estornudaba ruidosamente pero esta vez se pareció a la explosión de una bomba.

—*¡Aachiiiiiísssss!* Pobre de mí —dijo Mademoiselle, limpiándose la nariz con el pañuelo—. Lo siento, niñas. No pude evitarlo.

Irene ya se había agachado bajo el pupitre para esconder su risa. Alicia la miró divertida y contrariada. ¿Qué es lo que haría con el segundo estornudo de Mademoiselle? Ah, allí estaba ya. ¡Mademoiselle volvía a coger su pañuelo con frenesí!

—*Oh, la, la*. Otro estornudo. Espero no haberme resfriado. *¡Aachiiiiiísssss!*

Irene explotó, al igual que Belinda. Mademoiselle, completamente aturdida por su enorme estornudo, miró airada a las dos.

—¡Irene! Belinda! No está nada bien reírse de los... *¡Aachíssssss!*

Pero ahora ni siquiera Alicia fue capaz de ocultar su risa. Darrell se echó hacia atrás, tratando de contenerse porque el costado le dolía mucho. Incluso Sally sonreía, aunque procuraba disimularlo.

—*¡Aachiiiiiísssss!* —volvió a estornudar Mademoiselle. Se sentó en su silla y se enjugó la frente—. Nunca había estornudado tanto. *¡Aachíssssss!*

El último fue tan potente que Mademoiselle casi se cayó de la silla. Ahora toda la clase era presa de convulsiones. Gwen se retorcía en su asiento. Al momento, Irene rodaba por el suelo.

Lágrimas de risa resbalaban por las mejillas de media docena de niñas.

Mademoiselle contemplaba la pizarra, preguntándose si habrían terminado los estornudos. Tal vez el ataque le hubiese pasado ya. Se puso en pie con sumas precauciones y fue hasta la pared, pero al momento su nariz volvió a cosquillearle y tuvo que acercarse el pañuelo.

—*¡Aachiiiiiísssss!*

Mademoiselle volvió a desplomarse en su silla. En aquel momento se abrió la puerta y se asomó la señorita Potts con un montón de papeles.

—Oh, perdone, Mademoiselle, pero es que se olvidó estos... —comenzó a decir, pero luego se detuvo sorprendida al ver a toda la clase desternillándose de risa. ¿Qué ocurría?

Miró a Mademoiselle, y la francesa la miró a su vez tratando de explicarle lo que le estaba ocurriendo, pero otro estornudo casi barre a la señorita Potts hasta la puerta.

—*¡Aachiiiiiísssss!*

La clase se contuvo al ver a la señorita Potts. Esperaban que se marchase enseguida, pero no lo hizo.

Bastante alarmada por la expresión agonizante de Mademoiselle, se acercó a ella.

—Son estos... estos estornudos —comenzó a explicarle Mademoiselle, que se vio interrumpida por otro.

El vapor alcanzó la nariz de la señorita Potts. Iba a abrir la boca para hablar cuando sintió que se le avecinaba un estornudo. La nariz le cosquilleaba y buscó su pañuelo.

—*¡Aachiiiíss!* —explotó. Irene soltó al instante sus ruidosas carcajadas. La señorita Potts la miró.

—¡Irene! ¿Tú crees...? ¡Aachísss!

—*¡Aachísssss!* —Ésta vez fue Mademoiselle—. Señorita Potts, ¿qué son tantos estornudos? Yo no... yo no puedo parar... *¡Aachíssssssss!*

La señorita Potts estornudó tres veces seguidas sin poder decir palabra. Entonces, una repentina sospecha acudió a su mente y miró a las niñas que reían.

—Jean —le dijo—, tú eres la delegada de esta clase. ¿Se trata de una broma? *¡Aachísssss!*

Jean vacilaba. ¡Cómo delatar a todo el curso!

Mademoiselle la salvó de más preguntas. Estornudó con tal fuerza que saltó de la silla. Gimió.

—¡Estoy enferma! Jamás había estornudado así. Estoy muy enferma. *¡Aachíssss!*

Realmente alarmada, la señorita Potts, tras lanzar dos o tres estornudos por su cuenta, puso en pie a la profesora de francés.

—Abre la ventana —ordenó a Darrell—. Vayan a buscar a la inspectora. Mademoiselle parece enferma de verdad.

Con gran alarma, Darrell abrió la ventana y Mary-Lou corrió en busca de la inspectora, que acudió intrigada por el relato entrecortado que la niña le hizo sobre los estornudos de Mademoiselle. Al ver el rostro pálido de la profesora, la cogió del brazo para acompañarla. El vapor de la pastilla la alcanzó también y de pronto lanzó un potente estornudo. La señorita Potts se vio obligada a soltar dos más y Mademoiselle se preparó para otro. Luego la inspectora sacó a Mademoiselle fuera de la clase y la señorita Potts la siguió para asegurarse de que la pobre francesa estaba bien.

Las niñas, aunque estaban alarmadas y asustadas, no pudieron dejar de reír ante la vista de las tres mujeres estornudando a coro.

—Casi te pilla la señorita Potts con su pregunta, Jean —le dijo Alicia—. ¡Has escapado por un pelo! Esperemos que no vuelva a preguntarlo.

—Ojalá Mademoiselle no esté realmente enferma —deseó Darrell preocupada—. Tenía muy mal aspecto. Creo que lo mejor será que coja esa pastilla y la tire por la ventana antes de que vuelva la señorita Potts y la vea.

Y eso hizo, no sin antes lanzar un estornudo. Luego la clase se dispuso a esperar que alguien volviera.

Y fue la señorita Potts.

—Mademoiselle no se encuentra bien —comenzó en tono severo, el pañuelo en ristre por si acaso empezaba a estornudar otra vez—. Ha tenido que acostarse. Está completamente agotada. Lo extraño... lo extraño es que tan pronto como hemos salido de esta habitación ninguna de nosotras ha sentido deseos de volver a estornudar. Jean, ¿quieres explicármelo? ¿O tal vez preferirías hacerlo tú, Alicia? Me imagino que tal vez sepas algo más sobre esto que tus compañeras.

Alicia apenas sabía qué decir. Jean le dio un codazo.

—Adelante. Tendrás que decirlo.

Así que Alicia lo contó. No parecía una idea tan divertida contada entre tartamudeos ante la señorita Potts.

—Ya entiendo. Uno de esos trucos otra vez. Yo creía que las de tercer curso estaban por encima de semejantes niñerías. ¿Han participado todas en esto?

—Sally no —intervino Darrell—. Se negó a dar su voto. Ella ha sido la única que no estuvo de acuerdo.

—¡La única persona sensata de toda la clase! —exclamó la señorita Potts—. Muy bien, con excepción de Sally, todas ustedes se quedará sin paseo el próximo jueves por la tarde. También tendrán que pedir perdón a Mademoiselle y estudiar el doble en la clase de francés durante el resto del trimestre, como castigo.

CAPÍTULO XXI

MAVIS Y ZERELDA

Fue un final lamentable para lo que todas imaginaron un truco estupendo.

—Supongo que la pastilla debía de ser más fuerte de lo esperado —se excusó Alicia, apenada.

Sally no respondió: «Ya se los dije», y Darrell pensó que era una muestra de bondad por su parte.

—El jueves por la tarde me quedaré con todas ustedes —le dijo a Darrell—. Puede que fuese contraria al truco, pero, desde luego, pienso compartir el castigo.

—Eres muy buena, Sally —le contestó Darrell cogiéndola del brazo—. Bajemos a ver si hay algo interesante en el tablón de anuncios. Creo que esta noche hay un debate entre las de sexto y las de quinto y podríamos ir a verlas luchar como leonas.

Fueron a consultar el tablón de avisos. Una de las de cuarto estaba también allí mirando. Era Ellen.

—¡Hola, Darrell! —dijo—. ¡Te felicito!

—¿Por qué? —preguntó Darrell sorprendida.

—Mira, vas a jugar el próximo jueves en el tercer equipo —exclamó Ellen—. Tres niñas se han puesto enfermas, así que juegan las tres reservas, y tú eras una de ellas, ¿verdad?

—¡Oh, es estupendo! —gritó Darrell dando vueltas por el vestíbulo, pero de pronto su rostro se ensombreció—. Escucha, ¿me dejará jugar la señorita Potts el jueves? Oh, Sally, ¿tú crees que podré jugar aunque estemos todas castigadas?

—¿De qué estás hablando? —preguntó Ellen intrigada.

Darrell se lo explicó.

—¡Cielos! —exclamó Ellen—. Entonces no podrás jugar. No esperes que Potts te levante el castigo para que te diviertas jugando un partido.

Darrell gimió.

—¡Oh, qué mala suerte! ¡Mi primera oportunidad! Y la he desperdiciado. Oh, Sally, ¿por qué no me negaría como tú, en vez de seguir la corriente a Alicia?

Fue un golpe terrible para la pobre Darrell. Estaba tan desolada que Sally no pudo soportarlo. Fue hasta la habitación de la señorita Potts y con los nudillos llamó a la puerta.

—Por favor, señorita Potts, Darrell podría jugar un partido el jueves con el tercer equipo —dijo Sally—. Y por culpa de la broma de hoy tiene que estudiar ese día. Está terriblemente desilusionada. Usted dijo que yo no tenía que renunciar al paseo por no haber participado en la broma. ¿Podría quedarme en lugar de Darrell? Así ella podría jugar el partido.

—Un gesto generoso, Sally, pero completamente imposible —contestó la profesora—. Darrell debe cumplir el castigo como el resto de la clase. Es culpa suya si tu compañera pierde la oportunidad de jugar ese partido.

Sally se marchó muy triste. Encontró a Darrell y le contó que acababa de intentar prescindir del paseo para que ella pudiese jugar en el equipo. Darrell estaba emocionada.

—¡Oh, Sally! ¡Eres un verdadero encanto! ¡Una verdadera amiga! Gracias.

Sally le sonrió. Sus celos iban desapareciendo. Comprendía que había sido una tonta, pero no volvería a serlo. Cogió a Darrell del brazo.

—Celebraré que pronto regrese Betty para que Alicia tenga su compañera —dijo.

—Yo también —replicó Darrell de corazón—. Es muy molesto su modo de actuar para que nos peleemos. No dejes que lo consiga, Sally.

Sally estaba satisfecha. ¡Pero cómo deseaba conseguir que Darrell gozase de la tarde libre! Pobre Darrell, perder una oportunidad tan maravillosa que no volvería a presentarse en años.

Encontraron a la enfermera y le pidieron noticias de Mavis.

—Está mucho mejor —dijo la enfermera—. Aunque se le ha ido la voz. La pobre Mavis está afónica. Se siente muy desgraciada. Mañana podrá visitarla una de ustedes. Ella ha pedido que sea Zerelda, de manera que pueden decirle que venga a verla después de merendar.

Darrell y Sally se miraron mutuamente llenas de asombro. ¡Zerelda! ¿Para qué querría Mavis a Zerelda?

Mavis se sentía muy desgraciada. Se quedó horrorizada al comprobar que su voz había desaparecido. Sólo conseguía emitir un sonido cascado que nada se parecía a su voz:

—¡Oh, no podré volver a cantar! —le había dicho preocupada a la enfermera.

—Durante algún tiempo, no —había contestado—. Aunque yo creo que volverás a tener la misma voz, Mavis, pero has estado muy enferma con bronquitis y laringitis, y no podrás cantar durante un par de años. Si lo intentas, el especialista dice que perjudicarías tus cuerdas vocales para siempre y que nunca llegarás a ser cantante.

Mavis dejó que las lágrimas resbalasen por sus mejillas sin intentar contenerlas. ¡Su voz! Sin poder cantar durante dos años... ¡y tal vez para siempre! Quizá nunca llegase a ser cantante de ópera... Laringitis, bronquitis, dos enfermedades de las que una cantante debe guardarse siempre.

—¡Todo por mi culpa! ¿Por qué salí aquella noche con tanta lluvia? —sollozó la pobre Mavis—. Me pareció algo estupendo, pero a las otras no. Tal vez Zerelda lo comprenda, ella va a ser una gran artista de cine y comprenderá que una cantante o una actriz desea ser reconocida y anhela el aplauso.

Así que, cuando la enfermera le dijo que podía recibir una visita, preguntándole a quién prefería, ella escogió a Zerelda. Debía contárselo todo y Zerelda comprendería y simpatizaría con ella.

Zerelda también se sorprendió al verse escogida. No había simpatizado con Mavis, pero fue a verla y le llevó fruta, algunos dulces y un libro que acababan de enviarle de los Estados Unidos. Zerelda siempre era generosa.

Le sorprendió ver lo delgada que estaba Mavis.

—Siéntate —le dijo Mavis con su afonía terrible.

—¿Qué le ha ocurrido a tu voz? —le preguntó Zerelda, alarmada.

—¡La he perdido, tal vez para siempre! —dijo Mavis con un quejido patético—. ¡Oh, Zerelda, he sido una estúpida! ¡Estoy segura de que nadie más que tú puede comprenderme!

Entre jadeos y con su ronquera le contó a Zerelda todos los acontecimientos de aquel sábado por la noche, y cómo ni siquiera la dejaron cantar.

—De manera que todo para nada. ¡Oh, Zerelda! ¿Qué voy a hacer sin mi voz? ¡Me moriré! Las otras siempre me han dicho que sin mi voz no soy nada, nada en absoluto.

—No hables más, Mavis —le aconsejó la enfermera asomando la cabeza—. Habla tú, Zerelda.

Y Zerelda habló. ¿Cómo encontró de qué hablar? Ah, Zerelda de pronto había adquirido un poco de carácter y bastante sabiduría. Había aprendido ya bastantes cosas durante aquel trimestre en Torres de Malory, especialmente gracias a su fracasada actuación. Le contó a Mavis todo lo que había aprendido.

No fue fácil explicarle todo lo que había ocurrido el día del ensayo de Shakespeare, pero cuando Zerelda vio que Mavis sorbía todas sus palabras, prestándole la mayor atención, no olvidó nada.

—Así que ya ves, Mavis —terminó al fin—. Yo era mucho peor que tú. Tú poseías verdaderamente un don. ¡Yo nunca lo tuve! Tú te sentías orgullosa de algo real. Yo me enorgullecía de algo falso, de algo que no existía. Sin embargo, soy más feliz ahora que lo sé. Al fin y al cabo, es más sensato ser lo que somos en realidad, ¿verdad? Colegialas, no futuras estrellas de cine o cantantes de ópera. Tú sentirás lo mismo cuando lo hayas reflexionado. Ahora que has perdido tu voz, puedes ser tú misma.

—Oh, Zerelda! —exclamó Mavis mientras apoyaba su mano en la de la niña americana—. No sabes cómo me has ayudado. Me sentía tan desgraciada. Pensaba que una cosa así no le había sucedido jamás a nadie. ¡Y a ti te ha sucedido lo mismo!

Zerelda no dijo nada. Le había costado mucho hacer aquella confesión a Mavis, más que a cualquier otra. Pero con todos sus defectos, Zerelda era generosa de corazón y supo comprender rápidamente cómo ella, y solo ella, podía ayudar a Mavis.

La enfermera volvió a asomar la cabeza. Le alegró ver que Mavis parecía mucho más animada. Entró en la habitación.

—Bueno, le has hecho mucho bien, Zerelda —exclamó—. Ya tiene otro aspecto. Supongo que deben de ser muy amigas.

Mavis miró a Zerelda con ansiedad.

—Sí —contestó Zerelda con firmeza—. Somos amigas.

—Bueno, sólo dos minutos más y deberás marcharte —indicó la enfermera, que volvió a salir.

—Voy a demostrar a las otras que no era sólo una voz —prosiguió Mavis—. Zerelda, ¿querrás ayudarme? ¿Quieres ser mi amiga? Yo no valgo mucho, lo sé, pero tú no tienes ninguna amiga, ¿verdad?

—No —Zerelda se avergonzó al tener que reconocerlo—. Bueno, supongo que yo tampoco soy una gran persona, Mavis. ¡Sólo una nulidad, lo somos las dos! Nos ayudaremos mutuamente. Ahora debo irme. ¡Adiós! ¡Mañana volveré!

CAPÍTULO XXII

LAS COSAS SE ARREGLAN

Mademoiselle se recuperó pronto de su ataque de estornudos y, al día siguiente, regresó a sus clases. Al principio se sintió muy enojada cuando la señorita Potts le hubo explicado que todo era debido a una broma de las niñas.

Pero poco a poco recuperó su sentido del humor y se puso a reír al pensar en que la inspectora y la señorita Potts también habían sido víctimas de la broma y estornudado con violencia.

«Pero yo fui la que estornudó más fuerte —dijo Mademoiselle para sus adentros—. Ajá, aquí está Mademoiselle Rougier. Voy a contárselo.»

Y se lo explicó a la flaca cara de vinagre. Mademoiselle Rougier, que no admitía bromas de ningún tipo durante la clase, quedó horrorizada.

—¡Estas niñas inglesas! ¿Se lo ha dicho a la señorita Grayling? Deberían recibir un buen escarmiento.

—¡Oh, no! No he dado parte a la directora —dijo Mademoiselle Dupont—. Sólo lo hago cuando se trata de asuntos serios.

—¿Y usted no considera esa trastada un asunto serio? —exclamó Mademoiselle Rougier—. ¡Será usted capaz de pasarlo por alto sin imponerles castigo alguno! Esa Alicia y esa loca de Irene y esa traviesa Belinda, les haría mucho bien un buen escarmiento.

—Oh, todas van a ser castigadas —se apresuró a responder Mademoiselle—. Todas se quedarán sin su paseo el próximo jueves y tendrán que estudiar a cambio.

—¡Eso no es un verdadero castigo! —replicó Mademoiselle Rougier—. Es usted muy blanda para los castigos. Siempre lo he dicho.

—¡Claro que lo soy! —exclamó Mademoiselle Dupont contrariada—. ¿Es que no tiene usted sentido del humor? ¿Acaso no ve el lado cómico?

—No, no lo veo —replicó Mademoiselle Rougier con firmeza—. ¿Qué es eso del lado cómico de que tanto hablan los ingleses? No es divertido. Y usted también sabe que no lo es, Mademoiselle.

Cuanto más hablaba mademoiselle Rougier en ese sentido, más segura estaba Mademoiselle Dupont de que la broma había sido divertida. Al final se convenció a sí misma de que había participado de ella riendo con las niñas.

Pensó que sería mejor librarlas del castigo que les había impuesto la señorita Potts, pero ésta no quiso ni oír hablar de ello.

—¡De ninguna manera! No sea blanda, Mademoiselle. No podemos dejar pasar una cosa así.

—Tal vez no —respondió Mademoiselle, mientras una idea repentina acudía a su cabeza—. ¡Esos diablillos! ¡Tendrán que estar conmigo toda la tarde del jueves, señorita Potts, yo las haré trabajar!

—Así está mejor —consideró la señorita Potts en tono aprobador. Algunas veces, Mademoiselle resultaba demasiado blanda—. Téngalas sujetas toda la tarde.

«Las llevaré a dar un paseo», pensó Mademoiselle. Ella aborrecía los paseos, pero sabía cuánto les gustaban a las niñas. Pero cuando llegó la tarde del jueves, llovía tanto que no sólo no hubo partido de *lacrosse*, sino tampoco paseo.

Darrell pudo leer un aviso que decía:

EL PARTIDO DE *LACROSSE* QUE DEBÍA JUGARSE ESTA TARDE HA SIDO SUSPENDIDO Y APLAZADO
HASTA FECHA PRÓXIMA.
SE ANUNCIARÁ CON ANTELACIÓN.

—¡Mira eso! —le dijo a Sally—. Después de todo, no habrá partido. ¡Qué desilusión tendría ahora si hubiese podido jugar y lo hubiesen aplazado! Me pregunto si cabe la esperanza de que yo pueda jugar en la fecha que elijan. Supongo que entonces ya estarán buenas las niñas que enfermaron.

Aquella tarde las niñas fueron a la clase para estudiar, mientras todos los demás cursos bajaban al gran vestíbulo para jugar juntas y después ver una película sobre una gran pantalla colocada en un extremo.

Mademoiselle las esperaba con una amplia sonrisa en su rostro.

—¡Pobrecillas! Esta tarde tienen que estudiar por culpa de mis estornudos. Tienen que aprender varias danzas francesas. He traído un tocadiscos y varios discos. Voy a enseñarles una bonita danza campestre que conocen todos los niños franceses.

Con sorpresa y alegría, las niñas retiraron todos los pupitres. Esperaban que no apareciese la señorita Potts o la señorita Peters y vieran el tipo de trabajo que estaban haciendo en su tarde de castigo. ¡Qué divertido sería ver sus caras si asomaban por el aula!

Pero Mademoiselle se había asegurado de que las dos profesoras no pasarían por allí. La señorita Peters había salido aquella tarde y la señorita Potts estaba en el vestíbulo con el primer curso. ¡Mademoiselle estaba segura!

—¡Vía vacía! —exclamó Mademoiselle alegremente, y las niñas se rieron.

—Querrá decir que la vía está libre —le dijo Jean.

—Es lo mismo —replicó la profesora—. ¡Ahora, empiecen! Formad un círculo, por favor, y yo les diré lo que deben cantar con alegría mientras dan vueltas al compás de la música.

Fue una tarde regocijante que las de tercero disfrutaron enormemente.

—Es usted un encanto, Mademoiselle —le dijo Darrell calurosamente a la profesora, cuando terminaron—. Un verdadero encanto.

Mademoiselle sonrió radiante. Jamás había sido capaz de entender con exactitud lo que era ser un encanto, aunque sabía que era un elogio y eso la complacía.

—¡Ustedes me hicieron estornudar y yo les he hecho jadear! —dijo sencillamente a las fatigadas niñas—. Estamos iguales, ¿no?

—Querrá usted decir en paz —le respondió Jean, pero la profesora no le hizo caso.

—Le diré a la señorita Potts que esta tarde han quedado agotadas de tanto trabajar —dijo Mademoiselle—. ¡Pobrecillas, tendrán tantas ganas de merendar!

Zerelda había disfrutado tanto como cualquiera. En realidad, estaba sorprendida de ver lo mucho que se había divertido durante toda la tarde. Vaya, una semana atrás hubiese vuelto la espalda a semejante vulgaridad y sólo hubiera tomado parte en ella, lánguidamente, fingiendo que estaba muy por encima de todo aquello.

«¡Pero he disfrutado cada minuto! —pensó Zerelda mientras se recogía los cabellos hacia atrás, pues se le habían soltado con la danza—. Debo de haber sido completamente idiota. No me extraña que las niñas se rieran de mí.»

De pronto se vio a sí misma afectada, tratando de parecer mayor, peinándose como Lossie Laxton y mirando por encima del hombro a todas aquellas alegres colegialas. No podía soportar ni pensar en ello.

«Es divertido ser una auténtica colegiala —pensó—. Y es estupendo ser yo misma, en vez de intentar ser como Lossie. ¡Qué idiota era, mucho más que Mavis, que por lo menos tiene un verdadero don!»

Mavis mejoraba y aguardaba con impaciencia las visitas de Zerelda. Muchas de las de tercero habían ido a verla ya, pero ella deseaba más las visitas de la muchacha norteamericana que las de cualquier otra. Pensaba que Zerelda era maravillosa, al haber aprendido una lección que ella, Mavis, también intentaba aprender.

Para Zerelda fue un consuelo ver que alguien la consideraba maravillosa, incluso sabiendo ahora que no lo era. Desde que Mavis había dejado de hablar de su voz y su maravilloso futuro, parecía una persona completamente distinta, más sencilla, más natural y con gran interés por los demás.

—Jamás volveré a mencionar mi voz —prometió Mavis a Zerelda—. Ni repetiré lo de «cuando sea cantante de ópera». Tal vez si soy razonable y no hablo ni pienso en mi voz, la recupere.

—Oh, yo creo que la recuperarás —afirmó Zerelda para consolarla—. ¡Aunque hiciste cuanto estuvo en tu mano para librarte de ella! Oh, Mavis, eres igual que yo, te ves reducida a ser una colegiala y nada más. Pero, bueno, no sabes lo agradable que es equipararte a los demás y no tratar de hacerles creer que eres superior.

—Cuéntame otra vez lo de Mademoiselle y los estornudos —le suplicó Mavis—. Me hiciste reír tanto. Eres divertidísima contando esas cosas, Zerelda.

Y era cierto. Zerelda no era actriz, pero podía contar una historia con gracia y hacer reír a todo el mundo. Alicia pensaba en su interior que Zerelda poseía ese don, esa habilidad para ser realmente graciosa, pero no tenía intención de decírselo. ¡No pensaba darle la menor oportunidad de que volviera a creerse «marravillosa»!

Las niñas admiraban a Zerelda por dedicar su tiempo tan generosamente a Mavis. Y la tuvieron en mejor concepto por haber soportado tan bien la reprimenda de la señorita Hibbert y por tener en cuenta todo lo que le había dicho.

—Yo no imaginaba que fuese así —declaró Darrell a Sally—. De verdad que no. Pensaba que era sólo un globo lleno de aire y, cuando la señorita Hibbert la pinchó, creí que se deshincharía y allí no quedaría nada. Pero sí tiene algo, al fin y al cabo. Ahora me gusta, ¿y a ti?

—Bueno, siempre pensé que era muy generosa y me agradaba su buen carácter —replicó Sally—. Pero claro que no recibí tanta dosis de su tontería como ustedes, porque llegué al colegio más tarde.

—Me alegro de que por fin haya vuelto Betty. ¿Tú también? —le preguntó Darrell—. ¡Gracias a Dios! Ahora Alicia ya tiene alguien con quien ir y no estará siempre detrás de nosotras. Ojalá Bill tuviese una amiga. Va sola siempre.

—Bueno, no me importaría que fuéramos con Bill algunas veces —respondió Sally—. Aunque ya sabes que Bill no necesita amigas. Sinceramente, creo que Trueno ocupa el lugar de una amiga para ella.

—Sí, es cierto —confesó Darrell, recordando aquella noche oscura y lluviosa cuando ella y Bill estuvieron dando vueltas al patio con Trueno—. Pero sería un bien para ella que la dejásemos venir con nosotras algunas veces. Es un encanto.

De manera que Bill iba muchas veces con Darrell y Sally, cosa que le encantaba, pues tenía a Darrell en la mejor de las opiniones.

«Algún día le devolveré lo que hizo por mí aquella noche —pensaba Bill cien veces por semana—. Jamás lo olvidaré.»

Ahora era muy feliz. Trueno estaba perfectamente y Darrell y Sally eran sus amigas. En clase se defendía bien. ¡Y la señorita Peters era sencillamente formidable.

Bill era una niña sencilla, sincera, natural y muy leal. Estas cosas causaban gran efecto en la señorita Peters, que era muy parecida. De manera que había una gran comprensión entre la profesora y Bill, lo que satisfacía a ambas.

—Soy muy feliz aquí —le confesó Bill a Darrell—. No deseaba venir, pero ahora, ¡cuánto me alegro de haberlo hecho!

CAPÍTULO XXIII

UN ESTUPENDO FINAL DE TRIMESTRE

El trimestre llegaba a su fin. Darrell, como de costumbre, se debatía entre sentimientos encontrados.

—¡Me encanta volver a casa, pero también me encanta estar en Torres de Malory! —le decía a Sally.

—Bueno, tienes suerte de disfrutar de esos dos mundos —respondió Sally—. A mí también me encanta estar en casa, pero adoro el colegio. Ha sido un buen trimestre, ¿no es verdad, Darrell?

—Sí —replicó Darrell—. Sólo he tenido una desilusión, y es que después de tanto entrenar y de la ayuda que me ha prestado Molly, no he conseguido jugar en el tercer equipo.

—¿Ya han jugado el partido que se aplazó? —preguntó Sally.

—No. El otro colegio no tenía ninguna fecha libre —explicó Darrell—. El trimestre termina la semana próxima, de manera que ahora ya no habrá ocasión. Eso es lo único que me ha estropeado un poco el trimestre, eso y que tú te incorporaras con retraso, naturalmente.

—¿Verdad que hace una tarde espléndida? —exclamó Sally cuando salían al patio contemplando los narcisos que crecían por todas partes, mecidos por la brisa de marzo—. Tenemos media hora antes de comer, ¿qué hacemos?

—Vamos al campo de lacrosse —propuso Darrell—. Allí se estará estupendamente. Siento ganas de correr después de estar tanto tiempo sentada. Un poco de entrenamiento nos irá bien.

Sally no tenía ganas de ir. Aquel trimestre estaba desentrenada por haber llegado tarde, pero al ver la ansiedad reflejada en el rostro de Darrell dejó a un lado sus propios deseos.

—De acuerdo. Voy por los palos. Tú ve a pedir una pelota —le dijo.

Volvieron a encontrarse en el campo y pronto estuvieron corriendo, parando la pelota y pasándosela.

Eran las únicas que entrenaban. Molly Ronaldson, al pasar por allí, sonrió al ver a Darrell otra vez. ¡Qué afición tenía! Realmente no dejaba lo que se proponía. A Molly le gustaba esa clase de personas.

Le gritó a Darrell:

—Cielos, te mereces jugar bien, Darrell. ¿Sabes que vamos a jugar la semana que viene ese partido contra el Barchester que quedó aplazado el jueves pasado? Creíamos que no podríamos organizarlo de nuevo, pero Barchester nos acaba de comunicar que puede jugar contra nosotros el próximo jueves, el día antes de finalizar el trimestre.

—Oh, ¿de veras? —dijo Darrell—. Molly, ¿hay alguna esperanza de que pueda ser tercera reserva otra vez? ¡Di que sí!

—Bueno, la última vez, al parecer, hubieras jugado en el equipo, puesto que todas las reservas iban a jugar —afirmó Molly—, pero me he enterado de que se portaron mal, tú y todas las de tercero, y las dejaran sin tiempo libre. Así que de todas maneras no hubieses podido jugar.

—Sí, eso es cierto —afirmó Darrell—. Pero desde entonces no he vuelto a hacer tonterías. Ponme de reserva el próximo jueves, Molly, por favor. ¡No es que tenga muchas esperanzas de jugar esta vez porque todas las que estaban enfermas ya se han recuperado!

—Cierto —contestó Molly—. Bueno, estoy haciendo una nueva lista de jugadoras y tú puede que entres en la reserva o puede que no. ¡No prometo nada! El lunes por la tarde iré a ver cómo juegan el tercer y el cuarto curso. Escogeré algunas jugadoras para el partido contra el Barchester, de manera que hazlo lo mejor que puedas.

—¿Verdad que Molly es maravillosa? —dijo Darrell a Sally mientras aquella se alejaba.

—Te diré, a mí me parece buena como delegada de deportes —replicó Sally, que no demostraba tanto entusiasmo como Darrell—. De todas formas, juega bien el lunes cuando Molly te vea y procura conseguir otra vez el puesto de reserva, Darrell.

Y eso hizo Darrell. Fue rápida, astuta, infalible en las paradas, generosa en los pases y segura en su ataque a gol. Molly estaba en el campo, observando a las diversas jugadoras. Iba de un lado a otro, segura, consciente, y sus agudos ojos no se perdían ningún buen pase ni ninguna carrera.

Aquella noche debían aparecer en la tabla de anuncios los nombres de las jugadoras seleccionadas. Y debajo de esa lista, los nombres de las reservas. Darrell apenas se atrevía a acercarse al tablero para ver si su nombre estaba entre las reservas.

¡Seguro que estaría! Ella había jugado mejor que la mayoría de las de cuarto y, desde luego, muchísimo mejor que cualquiera de las de tercero. Miró esperanzada, pero con temor, los nombres de las tres reservas.

¡No estaba allí! Con gran desilusión, Darrell volvió a leer los tres nombres de las reservas. No, su nombre no estaba, ni siquiera como tercera reserva. Esta vez Molly no la había considerado lo bastante buena como para convocarla de reserva. ¡Qué terrible desilusión!

Sally acudió corriendo.

—¡Darrell! ¿Está tu nombre? ¿Estás de reserva?

Darrell meneó la cabeza.

—No —respondió—. Esta vez no. Oh, Sally, estoy tan decepcionada.

Sally también lo estaba y cogió del brazo a Darrell.

—Mala suerte. Lo siento.

—Oh, bueno, soy tan mala como antes Zerelda, creyéndome lo bastante buena jugadora de *lacrosse* para estar de reserva en el partido contra el Barchester —dijo Darrell con voz un tanto temblorosa—. ¡Lo tengo merecido!

—¡No, no! —exclamó Sally—. Tú deberías ser por lo menos la primera reserva, sí, es cierto, Darrell. Tú eres una estupenda jugadora de *lacrosse*. Además, te has entrenado disciplinadamente.

—¡No insistas! —cortó Darrell, que al verse consolada por su amiga se sentía mucho peor.

Fueron juntas a la sala común. Mavis estaba allí por primera vez con Zerelda.

—¡Hola, Mavis! —exclamó Sally, sorprendida—. Pensé que no ibas a venir con nosotras hasta mañana. Cuánto me alegro de que hayas vuelto!

—¡Bienvenida de nuevo al hogar! —exclamó Darrell, tratando de olvidar su desilusión—. Celebro que estés bien, Mavis. ¿Cómo te encuentras?

—Estupendamente —contestó Mavis con su nueva voz.

Ya no tenía aquella voz profunda y aterciopelada de antes. Ahora era ronca y había perdido su musicalidad. Las niñas ya se habían acostumbrado, pero la pobre Mavis no. ¡No podía soportar aquella horrible voz cascada! Pero se había hecho el propósito de no gruñir ni quejarse.

—Yo también me alegro de poder estar entre vosotras —añadió Mavis—. La enfermera ha sido muy buena conmigo y se está muy bien en la enfermería, pero echaba de menos toda la diversión y ruido del colegio.

Tosió.

—No hables muy seguido —le aconsejó Zerelda—. Ya sabes que la enfermera me ha encargado de tu vigilancia, y esta noche debo devolverte sana y salva a la inspectora antes de que te permitan volver a nuestro dormitorio.

—Estaré bien —respondió Mavis—. Darrell, ¿estás en la reserva? Zerelda dijo que seguro que iban a ponerte. Estoy deseando volver a ver un partido.

—No, no estoy —afirmó Darrell, volviéndose de espaldas. Zerelda alzó los ojos, sorprendida y contrariada.

—Vaya, qué mala suerte —dijo y se detuvo al ver que Sally le fruncía el ceño para que no hablase más del asunto.

Darrell lo había sentido mucho. No podía comprender por qué Molly la había dejado fuera esta vez. ¡No le parecía justo después de todo lo que le había dicho!

Darrell salió de la habitación. Sally no la siguió, comprendiendo que deseaba estar sola y sobreponerse a su desilusión antes de enfrentarse con el resto de la clase.

Se oyó un ruido de pasos que corrían por el pasillo. La puerta se abrió de golpe y entró en tumulto el resto del tercer curso.

—¿Dónde está Darrell? Cielos, ¿ha visto ya la lista de jugadoras?

—Sí. Está terriblemente decepcionada —contestó Sally. Las de tercero parecieron sorprenderse.

—¿Decepcionada? —replicó Alicia—. ¡Debería estar tan contenta como para ponerse a bailar por la habitación!

Ahora le tocó a Sally sorprenderse.

—Pero, vaya, ¿serás tonta? ¡Si esta vez ni siquiera está de reserva!

—¡No, claro que no, esta vez es titular! —exclamó Alicia.

—Sí. ¡Titular! —insistió Bill, radiante—. ¿No es un gran honor?

Sally contuvo el aliento.

—¡Cielos! ¡Darrell debe de haber leído sólo los nombres de las reservas, no los del equipo titular! ¡Es muy propio de ella!

—¿Dónde está? —preguntó Alicia, impaciente.

—¡Ahí viene! —gritó Belinda, desde la puerta—. ¡Darrell! ¡Ven aquí!

Darrell entró con aspecto desilusionado, mirando con extrañeza a sus excitadas compañeras de tercero.

—¿Qué ocurre? —preguntó.

—¡Juegas! —gritó Irene, dándole una palmada en la espalda—. ¡Estás en la lista, tonta! ¡En el equipo!

Darrell no lo entendió. Las otras la rodearon impacientes, hablando a voz en grito.

—*¡Es-tás-en-el-e-qui-po!* ¿No lo entiendes?

—En la reserva, no. Juegas el jueves contra el Barchester.

—Mírenla, está muda. ¡Darrell! ¿Quieres decir que has leído sólo los nombres de las reservas y no los de las jugadoras titulares? ¡Bueno, mira que eres tonta!

De pronto se hizo la luz para Darrell y cogió las dos muñecas de Alicia.

—¡Alicia! ¿Lo dices de veras? ¡Estoy seleccionada! Caramba, ni se me había ocurrido.

Hubo tantos gritos, felicitaciones y alegría que la inspectora acudió para ver a qué era debido tanto alboroto y para ver qué tal le iba a Mavis.

Mavis lo resistía muy bien. Le daba palmadas a Darrell en la espalda y gritaba: «¡Muy bien! ¡Muy bien!» con voz cascada y decidida. Su rostro resplandecía de placer, como todos los demás.

La inspectora volvió a salir sin ser vista, sonriendo para sí.

«¡Todo esto porque alguien ha entrado en el equipo! —pensó—. Vaya, vaya, ¡lo que hace cambiar el sentirse colegiala!»

En aquel momento, Darrell disfrutaba de lo lindo. Pensaba que en su vida había sido tan feliz, ¡y precisamente cuando se sentía tan desdichada y decepcionada! Casi se puso a llorar al ver la alegría y el orgullo de las demás.

«¡Vaya, deben de quererme mucho! —pensó feliz—. ¡Oh, espero jugar bien el jueves! ¡Si pudiéramos vencer al Barchester! ¡No le hemos ganado desde hace años!»

Apenas podía esperar a que llegase el jueves, pero amaneció por fin, claro y soleado. ¡Día ideal para un partido! Jugaban en casa y, como era el día anterior al del final de trimestre, todas las niñas que quisieran podrían presenciarlo. La mayoría se fueron a recibir a las niñas del Barchester cuando llegaron en su bus. Luego todas se repartieron para ocupar los bancos.

Darrell estaba nerviosa y se enfadó consigo misma por ello, pero no podía evitarlo. Molly se le acercó sonriente.

—¿Tienes miedo a tu debut? En cuanto estés en el campo, te olvidarás.

Molly estaba en lo cierto. Una vez en el campo con su palo de *lacrosse* en la mano, corriendo de un lado a otro, todo el nerviosismo de Darrell desapareció y se sintió impaciente por que comenzara el partido. Miró a su contrincante. Era una niña robusta y alta.

«¡Oh, pobre de mí, probablemente correrá más que yo!», pensó.

Cierto, corría mucho y era tan potente y efectiva que le arrebataba la pelota a Darrell casi cada vez con sus intervenciones rápidas y seguras.

—¡Venga, Darrell! ¡Corre! —le gritaban sus compañeras cada vez que Darrell cogía la pelota y salía corriendo con ella—. ¡Buen pase! ¡Buena parada! ¡Ánimo, Torres de Malory!

Gol para el Barchester. Gol para Torres de Malory. 1ª parte. Empate a uno. Llevaron rodajas de limón en platitos.

Allí estaba Molly junto a Darrell, hablándole con vehemencia.

—¡Darrell! Estás fatigando muy bien a tu oponente. Es buena, pero se la puede engañar más fácilmente que a ti. Espera tu oportunidad, esquívala la próxima vez que se te acerque, coge la pelota, pásasela a Catalina, corre junto a ella, deja que ella vuelva a pasártela y tira. ¿Has oído?

—Sí. Sí, Molly —contestó Darrell, que casi se traga la rodaja de limón en su afán de asimilarlo todo—. Sí, creo que mi contrincante se está cansando. Yo puedo correr más que ella. Haré lo que me dices, si puedo. Díselo a Catalina.

—Ya se lo he dicho —replicó Molly—. Mira, ya suena el silbato. Todas lo están haciendo muy bien. Pero creo que en esta segunda parte debes ser tú quien tire a gol, Darrell. Las otras se dejan arrebatar la pelota con demasiada facilidad. Buena suerte.

—¡Ánimo, Torres de Malory! ¡Ánimo, Torres de Malory!

Y Torres de Malory se animó. Darrell y Catalina se pasaban maravillosamente la una a la otra, y Catalina lanzó a puerta. ¡Otro gol para Torres de Malory! Luego el equipo de Barchester volvió a marcar. Segundo gol para ellas. Empate a dos. Quedaban quince minutos de juego. ¡Ánimo, Torres de Malory!

Darrell vio que el tiempo pasaba. Dos a dos. Torres de Malory debía marcar de nuevo antes de que finalizara el partido. Hizo un buen pase y corrió con la pelota en su red de *lacrosse*. Su contraria le cerró el paso. Darrell la esquivó con limpieza y salió corriendo por el campo.

—¡Vamos, Darrell! ¡Tira! ¡Tira! —gritaban todas, pero Darrell estaba demasiado lejos de la portería para hacerlo. En vez de eso, envió la pelota a Catalina, quien ¡cielos!, falló la parada, cayó al suelo y dejó que la contrincante le arrebatara la pelota mientras rodaba por el suelo. Y allí corrieron todas las del equipo del Barchester hacia la portería de Torres de Malory.

Pero la guardameta la detuvo con valentía. ¡Hurra! ¡Salvadas otra vez! La pelota estaba otra vez en el campo y Darrell hizo una magnífica parada, tras saltar con valentía en el aire.

—¡Adelante, Darrell! —gritaban las espectadoras. Darrell corrió hacia la meta del Barchester. Catalina corría al mismo nivel, aguardando el pase. Cuando le cerraron el paso, Darrell entregó la pelota a Catalina con un hermoso pase. Catalina la paró y fue bloqueada inmediatamente. Por el rabillo del ojo vio a Darrell, observándola.

Lanzó la pelota. Fue un tiro torpe, pero Darrell corrió para alcanzar la pelota. Una vez en la red, la conservó allí y esquivó con acierto a cuantas le salían al paso. Un gran grito se elevó entre las espectadoras.

—¡Tira! ¡Tira! ¡Tira!

Darrell lanzó la pelota con todas sus fuerzas contra la portería. La guardameta del Barchester salió para detenerla. La pelota le pasó rozando, luego lamió el poste y alcanzó el fondo de la red.

—¡Gol! —Qué griterío se alzó—. ¡Muy bien, Darrell! ¡Buen tiro! ¡Hurra! ¡Tres goles a dos!

Casi inmediatamente sonó el silbato que señalaba el final del partido. Los dos bandos se alinearon para vitorearse mutuamente. Darrell temblaba de excitación y alegría. ¡Había jugado y conseguido el gol de la victoria!

—¡Bien jugado, Darrell! —dijo Molly—. Lo hiciste muy bien. Ha sido un gol magnífico.

Darrell fue a participar de la espléndida merienda preparada para los dos equipos con el corazón rebosante de alegría. Aquel era un gran momento para ella. Las de tercero la rodeaban, dándole palmadas en la espalda y elogiándola, satisfechas de que una de su clase hubiese conseguido el gol de la victoria.

Darrell se sentía muy cansada y muy feliz aquella noche. ¿Qué dirían sus padres y su hermana Felicity cuando se los contara? Gracias a Dios que iba a verlos al día siguiente y entonces lo sabrían. ¡Apenas podía aguardar para explicárselo!

Todas las de tercero compartieron la alegría de Darrell. La vitorearon cuando entró en la sala común y ella enrojeció, avergonzada.

—¡La buena de Darrell! Tan modesta que ni siquiera pensaste en mirar la lista de jugadoras por si aparecía tu nombre, ¡y tan maravillosa que consigues el gol de la victoria! —exclamó Irene, pegándole tan fuerte en la espalda que Darrell tosió.

Llegó el último día. Todo el equipaje estaba listo, excepto algunas cosillas que las niñas recogerían a última hora. Comenzaron las despedidas. Se intercambiaron direcciones que se perderían al momento siguiente. La inspectora trataba de encontrar a Belinda, que había desaparecido por completo. La señorita Potts buscaba a Irene, también desaparecida. Había un ruido tremendo y gran confusión, en medio de la cual aparecieron por la avenida, entre los automóviles, siete muchachos montados a caballo.

—¡Bill! ¡Cielo santo! ¡Aquí están otra vez todos tus hermanos! —le gritó Darrell.

Pero Bill estaba sacando a Trueno del establo y no la oía. Apareció momentos más tarde montada en su caballo y saludó con entusiasmo al ver a sus hermanos.

—¿Han venido a buscarme? ¡Miren a Trueno! ¿Verdad que es estupendo? ¡Levanta la cabeza, Trueno! ¡Oh, está tan contento de verlos a todos!

Las niñas que iban en tren se fueron y hubo algo más de paz. Irene iba de un lado a otro, lamentándose de que nadie hubiera ido a buscarla. Gwen frunció el ceño porque su familia no había llegado todavía y no deseaba ser la última. Belinda apareció de pronto con su cuaderno y su lápiz.

—¡Gwen! ¡Es mi única oportunidad! ¡Déjame dibujar ese ceño!

Darrell rió. Era muy propio de Belinda hacer eso mientras sus padres la aguardaban pacientemente en el coche.

Zerelda se asomó para despedirse. Qué distinta estaba de cuando llegó. En primer lugar, llevaba puesto el sombrero de uniforme, ¡cosa que había dicho no haría jamás!

—Adiós —dijo—. Las veré otra vez el trimestre que viene. Lo he pasado estupendamente aquí. Celebro haber venido y celebro volver.

—¡Adiós! —saludó Mavis con su voz cascada, desde la portezuela del automóvil—. Hasta el trimestre que viene.

Bill galopó con sus hermanos, saludando con la mano como una loca. Mademoiselle Dupont la vio marchar llena de asombro.

—¡En Francia no ocurriría una cosa así! —declaró—.

¡Esta Bill! ¡Me parece que en su casa debe de dejar que el caballo duerma en un rincón de su dormitorio!

Darrell rió. Belinda se acercó con una caja de madera que contenía sales de baño, pero de pronto recordó haberla dejado en el cuarto de aseo. Tropezó con Mademoiselle y la caja cayó al suelo.

Un polvillo verde inundó el vestíbulo y una nube verde se elevó en el aire con un fuerte aroma.

—Vamos, Belinda, yo... —comenzó Mademoiselle y luego se detuvo con la boca abierta. Buscó frenéticamente su pañuelo y, en el preciso momento en que llegaba la señorita Potts con la señorita Peters, Mademoiselle estornudó. Fue uno de sus mejores estornudos.

—*¡Aaaaaachíssss!*

—¡Cielo santo! —exclamó la señorita Potts sobresaltada—. Nunca vi a nadie estor...

—*¡Aaaachíssss!* —comenzó Mademoiselle otra vez y la señorita Potts corrió a buscar refugio.

Darrell y Sally reían a más no poder, recordando la tarde de los estornudos. De pronto Darrell cogió un paraguas y lo abrió.

—¡Ahora ya puede estornudar, Mademoiselle! —le gritó, sosteniendo el paraguas sobre la señorita Potts y la señorita Peters—. ¡Yo protegeré a todo el mundo!

La madre de Darrell, que subía los escalones para ir a buscarla, se quedó asombrada ante la escena. Darrell dejó el paraguas para correr alegremente hacia su madre.

—Oh, ya estás aquí. ¡Pensé que no iban a llegar nunca! Sally, ¿estás a punto? Adiós, Mademoiselle. Adiós, Potty. Adiós, señorita Peters. Adiós, inspectora. ¡Hasta el trimestre que viene! ¡Éste ha sido fantástico!

—¡Adiós! —le dijo el ama—. Sé buena.

—Adiós —le dijeron a un tiempo la señorita Potts y la señorita Peters—. ¡Recuerda, Darrell, que debes hacer tus deberes!

—*¡Aachísss!* —estornudó Mademoiselle y corrió a esconderse. Gwen la salvó por un pelo de caer en el paraguas abierto.

El automóvil se alejó. Dandi agitó la mano frenéticamente hasta que salieron por la gran verja. Luego se reclinó y comentó:

—¡Mamá! ¡Papá! ¿Saben una cosa? Ayer jugué en el tercer equipo contra el colegio Barchester y ¡marqué el gol de la victoria! Mamá, yo...

Sally la escuchó contenta. ¡La buena de Darrell! Había pasado un trimestre estupendo y lamentaba que terminase. Pero luego vendrían el de verano... y el de otoño... y el de invierno... ¡Oh, trimestres y trimestres, y más trimestres!

—¡Aquí es desde donde se ve Torres de Malory por última vez, Darrell! —exclamó Sally de pronto.

Darrell abrió la ventanilla para asomarse.

—¡Pronto volveré, Torres de Malory! —gritó—. ¡Adiós por poco tiempo! ¡Pronto volveré!